Bogner | Die Epistemisierung des Politischen

[Was bedeutet das alles?]

Alexander Bogner

Die Epistemisierung des Politischen

Wie die Macht des Wissens die Demokratie gefährdet

Reclam

4. Auflage

RECLAMS UNIVERSAL-BIBLIOTHEK Nr. 14083
2021, 2023 Philipp Reclam jun. Verlag GmbH,
Siemensstraße 32, 71254 Ditzingen
Gestaltung: Cornelia Feyll, Friedrich Forssman
Druck und Bindung: EsserDruck Solutions GmbH,
Untere Sonnenstraße 5, 84030 Ergolding
Printed in Germany 2023
RECLAM, UNIVERSAL-BIBLIOTHEK und
RECLAMS UNIVERSAL-BIBLIOTHEK sind eingetragene Marken
der Philipp Reclam jun. GmbH & Co. KG, Stuttgart
ISBN 978-3-15-014083-3

Auch als E-Book erhältlich

www.reclam.de

Inhalt

1. Einleitung: Triumph des Wissens

Würde man die Frage gestellt bekommen, in welcher Gesellschaft wir denn heute eigentlich leben, dürfte man mit einiger Sicherheit als Antwort erwarten: in der Wissensgesellschaft. Mit dieser Diagnose verbindet sich die Vorstellung, dass sich seit einigen Jahrzehnten ein gesellschaftlicher Strukturwandel vollzieht, der ähnlich bedeutsam ist wie der Übergang von der Agrar- zur Industriegesellschaft vor über 200 Jahren. Wissen, so die Erwartung, wird zur zentralen Triebfeder technologischer Innovation und wirtschaftlichen Wachstums und damit zum Garanten allgemeinen Wohlstands, kurz: zur zentralen Ressource spätmoderner Gesellschaften, wichtiger noch als Arbeit, Bodenschätze oder Kapital.

Klassische Beschreibungen der Wissensgesellschaft haben vor allem die Stabilisierungswirkung des Wissens, insbesondere wissenschaftlichen Wissens, hervorgehoben.[1] Tatsächlich trägt Wissenschaft mittels Durchsetzung eines rationalistischen Weltbildes zur Stabilisierung der sozialen Ordnung bei, sorgt sie doch dafür, dass die Menschen – gleich welcher Klasse, Schicht oder Hautfarbe – in derselben Welt leben. Schließlich beziehen sie sich – wenngleich mit oftmals unterschiedlichen Absichten – auf dieselbe von der Wissenschaft entwickelte Infrastruktur von Fakten, Relevanzen und Evidenzen. Damit ergibt sich auf der Wissens- bzw. epistemischen Ebene ein Zusammenhalt, der – Stichwort Klassengesellschaft – auf sozialer Ebene fehlt.

Unsere Weltanschauung basiert auf Einsichten der Wissenschaft, und mit dem Siegeszug der modernen Wissenschaft etablieren sich neue Anforderungen an Logik, Vernunft und Konsistenz, die längst auch zur Richtschnur für unser alltägliches Denken und Handeln geworden sind. Versachlichung, Intellektualisierung des Lebens sowie die Vorherrschaft eines rechnerischen Kalküls: Schon Georg Simmel, einer der Gründerväter der Soziologie, hat dies als Kennzeichen der Moderne ausgemacht:

> Der moderne Geist ist mehr und mehr ein rechnender geworden. Dem Ideale der Naturwissenschaft, die Welt in ein Rechenexempel zu verwandeln [...] entspricht die rechnerische Exaktheit des praktischen Lebens [...].[2]

Affekte und Leidenschaften haben natürlich auch weiterhin ihre Existenzberechtigung, aber nur in relativ eng abgezirkelten Bereichen. Wirklich ausleben können wir sie nur in Partnerschaft und Familie, ab und zu auch bei Sportveranstaltungen oder auf dem Oktoberfest.

In vielen gesellschaftlichen Bereichen jedoch stehen rationales Kalkül, Wissen und Expertise im Vordergrund. In der Politik wird wissenschaftliche Expertise als zentrale Legitimationsressource geschätzt, in der Wirtschaft gilt das Wissen (auch jenes der Konsumenten) als wichtigster Innovationsfaktor; in der Wissenschaft dreht sich sowieso alles um das Wissen, genauer gesagt: um die Produktion neuen Wissens, und im Bildungsbereich geht es nur am Rande um Persönlichkeitsentwicklung und soziales Lernen. Im Vordergrund steht die Vermittlung von (Lehrbuch-)Wissen. Entsprechend bildet (Experten-)Wissen die höchste Entscheidungsinstanz in vielen politischen Kontroversen. So stellt Wissen den wichtigsten Rohstoff gesellschaftlicher Reproduktion und sozialen Wandels in spätmodernen Gesellschaften dar.

Die Feier der epistemischen Tugenden

Die gesellschaftliche Wertschätzung des Wissens zeigt sich nicht nur in Politik, Wirtschaft oder im Bildungsbereich, sondern auch und gerade in der Populärkultur. Ein schönes Beispiel dafür ist die unglaubliche Karriere des Krimis. Kein Abend, an dem kein Krimi im Fernsehen läuft.

Krimis spiegeln unsere Freude an eindeutigem Wissen: Sie verschaffen uns die Gewissheit, dass die Realität aller Komplexität zum Trotz durchschaubar ist, weil wir eine Geschichte in rationale Elemente aufteilen und von Anfang bis Ende ausgerichtet auf eine eindeutige Lösung hin erzählen können. Zweifellos: Der klassische Kriminalroman ist ein Fest der epistemischen Tugenden. Scharfsinn, Logik, Vorurteilsfreiheit, gründliche Skepsis und wache Beobachtungsgabe, hochentwickelte Kombinatorik sowie ein von großer Sorgfalt geprägtes, manchmal übergenau erscheinendes Vorgehen führen in diesem Genre letztlich zum Erfolg, nämlich zur rationalen Erkenntnis aller Zusammenhänge. So gleicht die erfolgreiche Kommissarin einer soliden Wissenschaftlerin: In der unablässigen Prüfung kleinster Details und (vermeintlicher) Indizien bleibt sie immer kritisch, vor allem sich selbst gegenüber. Seit Edgar Allan Poes »Doppelmord in der Rue Morgue« ist der Ermittelnde mit besonderen, für sein Umfeld geradezu erschreckenden Fähigkeiten zur Deduktion ausgestattet: Sherlock Holmes konnte aus einem abgenutzten Schuh die Lebensgeschichte des Trägers des Schuhes ableiten. Das geht bis heute so: Lee Childs Held Jack Reacher kann aus minimalen Anzeichen die wahre Geschichte herauskristallisieren.

Besonders fasziniert die Figur des Profilers: Anscheinend unzusammenhängende Morde zwingt er in eine Serie, sagt kommende Taten voraus, identifiziert den von allen anderen übersehenen Verdächtigen. Val McDermids Tony Hill versteht die Serientäterinnen und -täter besser als diese sich selbst. Paradigmatisches Beispiel ist Hannibal Lecter aus Jonathan Demmes Film *Das Schweigen der Lämmer* (nach dem Roman von Thomas Harris), der als ehemaliger Psychotherapeut das Ganze als Spiel mit der FBI-Agentin Starling inszeniert.[3] Und natürlich wollen auch Psychotherapeuten dies: Obwohl unsere Leben alles andere als monokausal geleitet zu einem eindeutigen Ende streben, versucht die Therapie meist, genau eine solche geordnete Geschichte zu entwerfen, die der Proband sich dann selbstvergewissernd erzählen kann. Die eigene Lebensgeschichte bis ins Detail ausleuchten, um deren innere Logik zu enträtseln – der Reiz dieser Detektivarbeit trägt seinen Teil zum Boom des Psycho- und Selbsterfahrungsmarktes bei.

Die Grundlage allen Tüftelns und Recherchierens besteht im festen Glauben daran, dass die Welt ein in sich geschlossener, logischer Kausalzusammenhang ist. Es ist, wie Max Weber es formuliert hat, der »Glauben daran: daß man, wenn man nur wollte, [...] alle Dinge – im Prinzip – durch Berechnen beherrschen könne«.[4]

Oder nehmen wir die Liebe: Daten, objektive Informationen und intelligente Algorithmen verhelfen zur perfekten Beziehung, so lautet heute das Credo. Im Zeitalter der Online-Partnerbörsen lebt die Vorstellung, dass der passende Partner bzw. die richtige Partnerin irgendwo da draußen existiert und mittels eines Abgleiches detaillierter Persönlichkeitsprofile nur ermittelt werden muss. Ein schöner Traum: Mühselige Beziehungsarbeit *nach* dem Kennenlernen wird durch intelligentes Informationsmanagement *vorher* ersetzt. Aufregendes Flirten und Daten ersetzen die Paartherapie. Die kognitiven Kenntnisse über den anderen gehen den Emotionen voraus und sollen der Romantik ein stabileres Fundament verleihen.[5] Auch wenn das Ideal romantischer Liebe weiterhin zu gelten scheint, so hat sich doch etwas Wesentliches verändert. Wir glauben nämlich nicht mehr daran, dass das Schicksal zuschlägt, wenn uns Amors Pfeil trifft; wir glauben vielmehr, dass man diesen Glückszustand mittels psychologischer Berechnung gezielt und systematisch herbeiführen kann. Zum Dauerzustand wird dieses Glück also erst dann, wenn wir auf ausgefeilte *Matching*-Technik vertrauen, und das bedeutet: auf besseres Wissen.

Revolten gegen die Macht des Wissens

Die Wissensgläubigkeit der Moderne ist schon früh zum Gegenstand philosophischer Kritik geworden. Dass Natur und Gesellschaft veränderbar sind und nach Maßgabe menschlicher Bedürfnisse neu gestaltet werden können, diese Ansicht wird im 19. Jahrhundert zum Allgemeingut. Es herrscht der unbedingte Glaube daran, dass Wissen besser ist als Nichtwissen, dass rationale Analyse dem intuitiven Erleben überlegen ist und das Bewusstsein über dem

Sein steht. *Scientia potestas est* verkündeten schon die Frühaufklärer. Diesen Schlachtruf ›Wissen ist Macht‹ führten später dann auch die sozialdemokratischen Arbeiterbildungsvereine im Munde. Wissen ist gut gegen Aberglauben, Vorurteile oder auch Obrigkeitshörigkeit. Es verhilft zur Einsicht, dass die Dinge nicht so bleiben müssen, wie sie sind. Bald geht man davon aus, dass sich Natur, Mensch und Gesellschaft mit Hilfe der aufblühenden Wissenschaft nach eigenen Vorstellungen steuern, planen und verbessern lassen. Gegen diesen Wissensoptimismus regt sich bald Widerstand. Nietzsche bezeichnet es als »Wahnvorstellung [...], dass das Denken, an dem Leitfaden der Causalität, bis in die tiefsten Abgründe des Seins reiche, und dass das Denken das Sein nicht nur zu erkennen, sondern sogar zu corrigiren im Stande sei«.[6]

Im 20. Jahrhundert gerät die Macht des Wissens dann immer gründlicher in Misskredit. Im Zuge des technischen Fortschritts und militärischen Wettrüstens wird offensichtlich, dass das Wissen auch Risiken, Gefahren und Verwüstungen hervorbringen kann. Man lernt, dass das Wissen um die kleinsten Elementarteilchen in seiner technischen Anwendung zu den größten Katastrophen führen kann (Atomkraft). Und man kriegt zunehmend Angst vor der technischen Neugestaltung der Natur (Gentechnik), auch der menschlichen (Biomedizin), so dass die Ethik bald zur ständigen Begleiterin der Genetik wird.

Außerdem kommt man darauf, dass Wissen keineswegs eindeutig sein muss. Schmerzlich deutlich wurde, dass allein schon der Versuch, etwas zu verstehen, das Objekt des Verstehens verändert (Heisenbergs Unschärferelation). Erst die Beobachtung legt das an sich uneindeutige Objekt auf einen bestimmten Zustand fest – eine Paradoxie, die Schrödinger in seinem Gedankenexperiment der gleichzeitig lebendigen und toten Katze aufgreift. In den Geisteswissenschaften macht die Dekonstruktion Karriere, also die Überzeugung, dass es aussichtslos ist, nach festen Fundamenten des Wissens zu fahnden. Jede Interpretation führt in einen unerschöpflichen Verweisungszusammenhang hinein, der es unentscheidbar erscheinen lässt, was wirklich der Fall ist.

Und auch im Alltag wird immer deutlicher, dass Wissen nicht immer eine robuste Ressource ist: Oft ist seine Gültigkeit umstritten, manchmal ist es unsicher oder uneindeutig, und jede Erkenntnis wird von der Erkenntnis neuen Nichtwissens begleitet. Die von der linksalternativen Bewegung popularisierte Expertenkritik trägt dazu bei, dass bald alle Leute in allen wichtigen Fragen, vor allem in Gesundheitsfragen, routinemäßig eine zweite Meinung einholen. All das darf freilich nicht darüber hinwegtäuschen, dass auch die Macht des (Experten-)Wissens in aller Regel auf der Grundlage von (Experten-)Wissen kritisiert wird. Besonders gut sichtbar wird dies an den Umwelt- und Technikkonflikten der 1980er und 90er Jahre. Die damaligen Proteste zeigten ein hohes Verwissenschaftlichungsniveau; im Streit um Grenzwerte und Risiken wurden die Demonstranten oft selbst zu Experten. Kein Wunder, dass sich aus der Umweltbewegung heraus sogar neue Forschungszentren entwickelten, wie etwa das Freiburger Öko-Institut oder das Institut für Soziale Ökologie in Wien.

Heute hat die antiautoritäre Revolte gegen die Wissenschaft ein eigenartiges, fremdes Gesicht. Denn sie wird nicht mehr von den Sympathieträgern der Vergangenheit –

rebellierenden Studierenden, kritischen Intellektuellen, sozialökologisch Bewegten – getragen, sondern zu einem guten Teil von Demagogen und Populisten, die uns mit teils belustigenden, teils verstörenden Zweifeln und Fragen konfrontieren: die Klimaerwärmung – eine chinesische Erfindung? Der Mensch – tatsächlich ein Resultat der Evolution? Die Erde – eine flache Scheibe? Aids – ausgelöst durch Armut und nicht durch HIV? Oder das Impfen: Führt es nicht zu Autismus? Und ist Corona nicht von Bill Gates erfunden worden?

Das Credo dieser Leugnerbewegung erinnert an Pippi Langstrumpfs Lebensmotto: »Ich mach mir die Welt / widde widde / wie sie mir gefällt.«[7] Sympathisch war ihre antiautoritäre Attitüde, ging es doch gegen die langweilige, faktenfeste Welt der Erwachsenen. Ihre Botschaft an uns: Habt endlich Mut, eure Phantasie zu benutzen, um aus der selbstverschuldeten Eintönigkeit eurer durchrationalisierten Welt herauszufinden. Ihre Eigenheiten wurden als feine, zivilisationskritische Nadelstiche geschätzt. Doch heute haben sich die Nadelstiche gegen die fade Faktenwelt zu einer brachialen Zerstörungswut ausgewachsen. Aus Pippi Langstrumpf wurde Donald Trump.

Im Kampf gegen eine aktive Klima-, Impf- oder Aids-Politik hat sich ein unverwüstlicher Dissens etabliert, der politischen Widerstand in Form (pseudo-)wissenschaftlicher Gegenexpertise praktiziert (auf den Bestsellern von Coronazweiflern muss unbedingt mindestens ein Doktortitel vor dem Verfassernamen stehen). Nicht selten konsolidiert sich dieser Dissens mittels hartnäckiger Tatsachen- bzw. Wahrheitsverleugnung. Mit Bestürzung berichten akademische Beobachter, dass der Amoklauf gegen Rationalismus und Expertentum mittlerweile zum Massensport geworden ist.[8] Verschwörungstheorien und sogenannte alternative Fakten werden gerade dort virulent, wo Daten, Zahlen und wissenschaftliche Expertise im Streit über die richtige Politik eine besondere Rolle spielen. Dies war zuletzt in den breiten Protesten gegen die politischen Maßnahmen im Zuge der Coronakrise zu spüren. Microsoft-Gründer Bill Gates, so war unter anderem zu hören, steuere mittels seiner Stiftung die Pandemie, um an den Impfungen zu verdienen. Oder: Corona sei ein trojanisches Pferd, um den repressiven Überwachungsstaat salonfähig zu machen.

Das Problem

Angesichts der gesteigerten Sichtbarkeit von Verschwörungstheorien und Faktenleugnern, angesichts des globalen Aufstiegs von Rechtspopulismus und Fake-News-Kultur liegt es nahe, zum Schutz der Demokratie verstärkt auf Wissen und Aufklärung zu setzen.

Daran ist zunächst einmal nichts falsch: Eine besonnen geführte Debatte über Zuwanderung und ihre Folgen ist nur auf der Grundlage belastbarer Daten und Fakten möglich. Eine kluge Umweltpolitik kann nur auf gesichertem Wissen darüber basieren, wie es um die globale Erwärmung wirklich steht. Über Chancen und Risiken der Digitalisierung klärt die Technikfolgenabschätzung auf. In mancher Hinsicht jedoch – und davon handeln die folgenden Kapitel – hat das Vertrauen in die Macht des Wissens selbst demokratiepolitisch zweifelhafte Folgen.

Der Essay setzt bei der Beobachtung an, dass die Demokratie in Krisensituationen gerne auf die Macht des Wissens vertraut. So werden viele politische Krisen und Konflikte primär als *epistemische* Probleme verstanden, also als Fragen von Wissen, Expertise und Kompetenz.

Damit treten an die Stelle des die Industriegesellschaft prägenden Basiskonflikts zwischen Arbeitgebern und Arbeitnehmern immer mehr die Konflikte zwischen Experten, Gegenexperten und informierten Laien. Beispielhaft dafür steht der Klimastreit. Mit dem Fokus auf Wissen und Expertise drohen jedoch normative Aspekte aus dem Blick zu geraten (Kapitel 2).

Auch wenn die Demokratie selbst unter Druck gerät, hofft man auf die heilsame Kraft des Wissens. Denn als treibende Kraft politisch unliebsamer Entwicklungen (Populismus, Autoritarismus) gelten oft mangelnde Bildung und unzureichende Informiertheit. Mit dem Fokus auf die kognitive Ebene verbindet sich die kühne Unterstellung, dass sich hinter politischen Streitfragen eigentlich nur Sachfragen verstecken, für die es dank einschlägiger Expertise richtige Lösungen gibt (Kapitel 3).

Streit gehört zur Demokratie, aber die Demokratie bleibt nur dann lebendig, wenn man mehr Demokratie wagt. Doch auch dieses Projekt steht heute unter dem Leitstern des Wissens. Radikale Ansätze, die die Demokratisierung der Demokratie auf der Wissensebene in Angriff nehmen, geraten allerdings in die fatale Nähe eines epistemischen Populismus (Kapitel 4).

Der allgemeine Glaube an die Allmacht des Wissens beflügelt eine generelle Abneigung gegen die Experten. Der Kampf gegen den typisch expertenhaften Anspruch auf besseres Wissen gilt darum auf allen Seiten des politischen Spektrums als Ausdruck echter Demokratisierung (Kapitel 5).

Dieser Kampf wird heute von Gruppen fortgesetzt, die gegen gesicherte Erkenntnisse der Wissenschaft und etabliertes Wissen aufbegehren. Auf diese Weise macht die breite Bewegung der Klimawandel-, Evolutions- oder Coronaleugner auf den hohen Verwissenschaftlichungsgrad vieler politischer Kontroversen aufmerksam. Wer nicht willens oder fähig ist, seinen Standpunkt mittels Expertenwissen abzusichern, greift auf »alternative« Fakten zurück und mobilisiert Pseudoexpertise (Kapitel 6).

In Summe wird eine Tendenz deutlich, die man mit etwas Mut zum Soziologendeutsch als »Epistemokratie« bezeichnen kann. Diese Herrschaft ist von dem Glauben daran getragen, dass viele politische Probleme erst dann richtig formuliert und überzeugend lösbar sind, wenn wir sie als Wissensprobleme verstehen. Die unerschütterliche Konzentration auf das Wissen rückt aus dem Blick, was politische Probleme eigentlich ausmacht und gesellschaftliche Konflikte anheizt: divergierende Werte, Interessen und Weltbilder (Kapitel 7).

2. Corona, Klima & Co: Streit ums bessere Wissen

Auch das ist Wissensgesellschaft: Politische Streitfragen bekommen heute immer stärker epistemischen Charakter, werden zu Wissenskonflikten. In den Mittelpunkt tritt die Frage, wer das bessere Wissen hat. Das geschieht zum einen deshalb, weil Risiken und nicht-intendierte Nebenfolgen in den Blick geraten, weil Finanzierbarkeit, Nachhaltigkeit und zukünftige Generationen berücksichtigt werden müssen. Oder auch nur: weil die Komplexität des Problems sich nicht mehr ausblenden lässt, weil das Problem sich nicht mehr so einfach in eine relativ übersichtliche politische Interessen- oder Verteilungsfrage übertragen lässt.

Viele aktuelle Konflikte, etwa um Pestizide und Dieselfahrverbote, um die Gefahren der 5G-Technologie und der grünen Gentechnik, um die Risiken der globalen Erwärmung oder den Nutzen einer allgemeinen Impfpflicht, konzentrieren sich auf Wissensfragen wie etwa: Wie hoch ist das Risiko? Welche Gefahren bestehen für Mensch und Umwelt tatsächlich? Welcher Grenzwert ist legitim? Die zentrale Ressource in diesen Kontroversen stellt Expertenwissen dar. Entschieden werden diese Konflikte, so die allgemeine Erwartung, auf der Grundlage des besseren Wissens.

Die Kontrahenten in diesen Auseinandersetzungen trennt vieles, doch eine zentrale Überzeugung teilen sie, dass nämlich diese Konflikte nur durch wissenschaftliche Expertise, also durch die Macht der Zahlen und Fakten entschieden werden können. Vielfach lautet die Erwartung:

Sofern ein weitreichender Expertenkonsens in diesen Risiko- und Umweltfragen existiert, ist die Politik gehalten, die wissenschaftlich empfohlenen Maßnahmen durchzusetzen. Die Rahmung von Konflikten als Wissenskonflikte verspricht eine Rationalisierung des Streits, an dessen Ende auch noch die Verlierer als Gewinner vom Platz gehen werden, weil sie vermittels ihrer Widerrede zum allgemeinen Wissensfortschritt beigetragen und selbst etwas dazugelernt haben: Ende gut, alles gut.

In Wissenskonflikten droht eine weitgehende Abstraktion von der Werteebene – doch oft genug provoziert diese Abstraktion selbst keinen Konflikt. Wenn sich beispielsweise ein bereits zugelassenes Medikament als gesundheitsgefährdend erweist, dann wird es verboten (wie in dem bekannten Fall des gefährlichen Schmerzmittels Vioxx). Die allgemeine Wertschätzung für die Gesundheit kaschiert in diesem Fall die Tatsache, dass die politische Entscheidung durch das sachhaltige Expertenurteil vorweggenommen wurde. Problematisch wird diese enge Kopplung zwischen Wissens- und Werteebene erst dann, wenn rivalisierende Werte im Spiel sind. Denn ein Wertedissens führt im Rahmen dieser Wissenskonflikte zu endlosen Kontroversen um die richtigen Zahlen bzw. um die richtige Interpretation der vorliegenden Zahlen. Wertstandpunkte und divergierende Weltbilder werden nicht mehr explizit gemacht, weil das methodisch kontrollierte, gesicherte Wissen als unübertreffbar überlegene Ressource der Legitimation gilt. Dahinter steht der Glaube, dass ein direkter Weg von der Evidenz zur richtigen Politik führt. Welche Probleme dieser Wissensglaube macht, lässt sich anhand einer Reihe aktueller Krisen und Konflikte zeigen.

Die Coronakrise

Die Coronakrise im Frühjahr 2020 war eine Sternstunde für die Wissenschaft, und dies in mehrfacher Hinsicht. Zum einen führte uns das Coronavirus vor Augen, dass wir viele Gefährdungen ohne die Wissenschaft gar nicht erkennen, erklären und wirkungsvoll behandeln können. Ohne die moderne Wissenschaft wäre das Coronavirus für uns gar kein Virus, sondern eine dunkle Heimsuchung des Schicksals. Ohne die Wissenschaft gäbe es außerdem wenig begründete Hoffnung auf Heilung.

Auch im Hinblick auf den politischen Umgang mit Corona offenbarte sich die große Abhängigkeit der Gesellschaft von wissenschaftlicher Expertise. Der hilfesuchende Blick der vom Virus überraschten Politik richtete sich sofort auf Virologie und Epidemiologie. Die maßgeblichen Statements, Interviews und Podcasts kamen von den Virologen, die in der Krise fast schon als Popstars gehandelt wurden. Die Namen von Anthony Fauci (USA), Anders Tegnell (Schweden) oder Christian Drosten (Deutschland) waren in den Medien allgegenwärtig. Die Politik richtete ihre Strategien an den Warnungen der Experten aus. Sogar der damalige britische Premierminister Boris Johnson verwarf seine eigenwillige Strategie der Herdenimmunität, als Forscher Hunderttausende Tote prognostizierten, und erließ – viel zu spät, wie viele Experten bemängelten – einen Lockdown. Es ist darum nur folgerichtig, dass die deutsche Bildungsministerin Anja Karliczek mit Blick auf das Verhältnis von Wissenschaft und Politik am 1. April 2020 festhielt: »Wissenschaftliche Erkenntnisse leiten die Politik und leiten uns wie selten zuvor.«[9]

Das bedeutet aber: Der Primat der Wissenschaft bzw. der Medizin unterstützte in der Frühphase der Krise eine Politik der Alternativlosigkeit. Virologen klärten über Infektionsrisiken, Verdopplungszeiten und Reproduktionsraten auf und lieferten der Politik die Argumente für ihr Handeln. In den Talkshows wurde erklärt und informiert, nicht gestritten. Die Angst vor dem neuen Virus auf Grund der alarmierenden Bilder aus der Lombardei erzeugte Konsens in ungeahntem Ausmaß – das Parlament war als genuiner Ort für eine kontroverse Debatte nicht gefragt. Angesichts Tausender Toter in China und nur wenig später in Italien und Spanien bekam der Gesundheitsschutz bald überall oberste Priorität eingeräumt. Die kollektive Opferbereitschaft quer durch alle Bevölkerungsschichten sorgte dafür, dass kein grundsätzlicher Dissens in Bezug auf das übergeordnete Handlungsziel der Politik entstand, nämlich eine Überlastung des Gesundheitssystems zu verhindern und auf diese Weise ethisch heikle Fragen der Priorisierung medizinischer Hilfsmaßnahmen zu vermeiden.

Auf Grund des weitreichenden Konsenses konnte sich die Politik in den ersten Wochen auf das Administrieren beschränken. Konkret bedeutete das: Es ging vor allem darum, durch Ausgangsbeschränkungen und Versammlungsverbote die Ansteckungsrate zu reduzieren, mehr und schnellere Tests zur Verfügung zu stellen, ausreichend Schutzbekleidung und Atemmasken zu organisieren und die Kapazitäten in der medizinischen Intensivbetreuung zu erhöhen.

All das sind natürlich ernste Probleme, aber sie sind nur Probleme verwaltungstechnischer Art. Eine solch rein administrative Politik ist aber nur dann möglich, wenn Wertefragen außen vor bleiben. Wenn es, mit anderen Worten, einen breiten Wertekonsens gibt. Dann muss nur über die richtigen Mittel, nicht aber über den Zweck (wie etwa Gesundheitsschutz) debattiert werden.

Im Fall von Corona entwickelte sich jedoch bald eine Grundsatzkontroverse um die Verhältnismäßigkeit der angewendeten politischen Maßnahmen. Unter dem Eindruck der wirtschaftlichen Talfahrt kamen als Erstes ökonomische Fragen auf die Agenda. Nicht nur das Coronavirus könne tödlich sein, so die Anklage mancher Ökonomen. Auch Arbeitslosigkeit könne Leben verkürzen, und so wurden bald Coronatodesopfer gegen potentielle Opfer der globalen Wirtschaftskrise aufgerechnet. Das heißt, die eigentlich *ökonomisch* motivierte Kritik argumentierte mit den *gesundheitlichen* Folgen von Wirtschaftskrisen. Noch der Dissens bestätigte die Sonderstellung jenes Basiswerts (Lebensschutz), der dem politischen Krisenmanagement zugrunde lag.

Doch je länger der erste Lockdown andauerte, desto stärker fanden auch Vertreter anderer Disziplinen Gehör. Diese Erweiterung des Radius relevanter Expertise machte deutlich, dass Corona ein vielschichtiges Problem mit ökonomischen, psychosozialen und politischen Facetten darstellt, das man nicht allein im Rekurs auf medizinisches Fachwissen lösen kann. Der Deutsche Ethikrat beispielsweise drängte darauf, Werteaspekte sichtbar zu machen und prominent zu halten – ganz im Gegensatz zur Leopoldina, auf die sich Kanzlerin Merkel gerne berief. Der Ethikrat versuchte in seiner Stellungnahme dafür zu sensibilisieren, dass die Coronakrise eine Reihe normativer Konflikte heraufbeschwört, die keineswegs allein auf (natur-)wissenschaftlicher Grundlage entschieden werden können.[10] Indem der Ethikrat die ökonomischen, psychischen und sozialen Folgekosten thematisierte, nahm er – gewollt oder ungewollt – der Coronapolitik ihren Anschein von Sachzwanghaftigkeit.

Bald entwickelte sich denn auch ein fundamentaler Wertekonflikt, der mit jeder neuen Coronawelle wiederkehren wird. Die Grundfragen lauten: Wie ist Lebensschutz gegenüber anderen Werten abzuwägen, z. B. mit individuellen Freiheitsrechten oder Partizipationschancen? Welches Maß an wirtschaftlicher Depression muss man hinnehmen, um Selektionszwänge im Gesundheitswesen zu vermeiden? Welche Lasten darf man Eltern und Kindern durch den brisanten Mix aus Homeschooling und Homeoffice zumuten?

Sobald sich derartige Wertekonflikte entwickeln, ist es mit dem Charme administrativer Politik vorbei. Dann bricht unausweichlich die Zeit der politischen Kontroversen an – also der demokratische Normalbetrieb. Im Kontext von Wertekonflikten erhöht sich die Autonomie der Politik; im Zusammenhang mit Wissenskonflikten hingegen lauert immer die Gefahr des Szientismus.

Der Klimastreit

Auch im globalen Klimastreit ist wissenschaftliche Expertise Trumpf. In dem nun schon Jahrzehnte andauernden Gerangel um eine verantwortliche Klimapolitik wird vor allem über Wissensfragen gestritten: Ist die globale Erwärmung eine Folge industriegesellschaftlicher Lebensformen oder nur ein Ausdruck natürlicher und für die Erdatmosphäre typischer Klimaschwankungen? Wie hoch ist das Ausmaß der Erwärmung und welche Folgen sind erwartbar? Uneinigkeit besteht hier – anders als in Wertekonflikten – nicht über die normative Bewertung dieser Folgen. Dass eine globale Erwärmung von drei oder vier Grad Celsius für einen Großteil der Weltbevölkerung katastrophale Folgen hätte und dass Überflutungen und Verwüstungen weiter Landstriche gleichbedeutend sind mit Leid und Unglück, das ist unumstritten. Im Vordergrund des Streits steht deshalb die Frage nach der Haltbarkeit wissenschaftlicher Prognosen über die Eintrittswahrscheinlichkeit der allgemein als negativ bewerteten Ereignisse. Es wird um die Zuverlässigkeit von Risikoeinschätzungen, Sicherheitsbehauptungen und Zukunftsszenarien gerungen – und damit letztlich um Wahrheitsansprüche.

Expertenkonsens erhält in diesen Auseinandersetzungen eine zentrale Bedeutung. Schließlich gilt der Expertenkonsens den Konfliktparteien als Ersatz für die absolute Wahrheit, nach der sich die Politik zu richten habe. So investieren beide Seiten viel Energie in den Nachweis, dass ein Expertenkonsens (nicht) existiert. Die Republikaner in den USA haben verschiedentlich dafür argumentiert, dass man mit politischen Maßnahmen abwarten müsse, weil es in Sachen Klimaerwärmung keinen (absoluten) Expertenkonsens gebe. So erklärte beispielsweise Scott Pruitt, von Trump ernannter Leiter der US-Umweltschutzbehörde: »Wissenschaftler sind sich nach wie vor uneins über den Grad und das Ausmaß der globalen Erwärmung und ihren Zusammenhang mit dem Handeln der Menschheit.«[11]

Alle Umweltbewegten inner- und außerhalb der USA bringt das natürlich auf die Palme. Ihre Gegenmaßnahme besteht darin, die Öffentlichkeit über die Robustheit des Expertenkonsenses aufzuklären. Die Leute sollen verstehen lernen, wie es um das Klima wirklich steht und warum radikale politische Schritte notwendig sind, um das Klima zu retten. Kurz: Aufklärung über den real existierenden Expertenkonsens gilt als der beste Weg, um die Zustimmung der Bevölkerung zu einer progressiveren Klimapolitik zu organisieren.

In der Klimaforschung hat sich darum mittlerweile ein Forschungszweig etabliert, den man *empirische Konsensforschung* nennen könnte. Das Ziel dieser Forschung besteht darin, das Ausmaß des Expertenkonsenses in der Frage des anthropogenen Klimawandels in Zahlen darzustellen. Startpunkt dieser quantitativen Konsensforschung war Naomi Oreskes' *Science*-Publikation aus dem Jahr 2004. Mittlerweile hat eine Veröffentlichung von John Cook und Kollegen Referenzcharakter: Die beziffert das Ausmaß des Expertenkonsenses zur Frage des Klimawandels auf 97 Prozent. Das heißt, 97 Prozent aller hochrangig begutachteten Artikel aus der Klimawissenschaft, die eine Position zur globalen Frage des Klimawandels einnehmen, geben explizit oder implizit zum Ausdruck, dass dieser menschengemacht ist. Empirische Basis liefert die Auswertung von knapp 12 000 Abstracts im Zeitraum von 1991 bis 2011, wobei über 4 000 Abstracts konkret zu diesem Thema Stellung nehmen.[12]

Die Gegenseite lässt natürlich nicht locker und fragt: Welcher Expertenbegriff liegt der repräsentativen Stichprobe zugrunde? Sind nur jene Forscher berücksichtigt, die aktiv in hochrangigen Zeitschriften publizieren, oder auch andere? Wie werden narrative Aussagen zum Klimawandel aus den Kurzzusammenfassungen der Artikel in die Ja-/Nein-Logik der Forschungsfrage überführt? Wie lassen sich Autoren interpretieren, die gar nicht explizit zum Klimawandel Stellung nehmen? Versteckt sich dahinter Skepsis oder verrät schon deren Problemstellung eine positive Identifikation mit der Klimawandelthese? Richard Tol zum Beispiel, Klimaökonom und zeitweiliges Mitglied des Weltklimarats (IPCC), bewertet in seiner Metaanalyse der empirischen Konsensstudien eine ausbleibende Positionierung zum Klimawandel als Nicht-Zustimmung zur Klimawandelthese und rechnet damit das Ausmaß des Konsenses auf rund 30 Prozent herunter.[13]

So geht der Streit hin und her und verliert sich recht bald in methodologischen Streitigkeiten. Am Ende bestätigt sich eine alte Annahme der Wissenschaftsforschung: Mehr Forschung führt zu einer Differenzierung des Problems, erzeugt also mehr Nachfragen und damit am Ende mehr Unsicherheit – und damit auch mehr Konflikte, die man mit Hilfe der Konsenspolitik ja eigentlich beenden wollte. Und einige lachen sich ins Fäustchen.

Epistemische Konsenspolitik ist von der Überzeugung getragen, dass Expertenwissen die einzig zu(ver)lässige Grundlage für rationale, fortschrittliche Politik ist – als ob bereits dann alles gesagt sei, wenn die Wissenschaft gesprochen hat.

In ihrer Kritik der Planungseuphorie hat die Soziologie in den 1960er Jahren dieses Modell schon einmal scharf angegriffen. Damals grassierte die Angst, dass es keinen Raum mehr für Widerspruch und Alternativen geben würde, wenn allein die Experten der Politik den Weg weisen. Heute erscheint genau dies – unter veränderten normativen Vorzeichen – als ein aufklärerisches Projekt. Was viele Klimafreunde und Konsenspolitiker heute feiern und fordern, ist gewissermaßen die Expertokratie in Grün.

Im historischen Rückblick sind es eher überraschende oder geradezu traumatisierende Ereignisse, die eine umweltpolitische Wende in die Wege leiteten, und nicht demonstrativer Expertenkonsens. So spielte der Super-GAU im japanischen Fukushima für den deutschen Atomausstieg eine zentrale Rolle (nachdem die damalige Kanzlerin Angela Merkel erst kurz zuvor den von der rot-grünen Vorgängerregierung durchgesetzten Ausstieg zurückgenommen hatte, also in allerkürzester Zeit eine verblüffende Kehrtwende vorgenommen hatte). Für die Verabschiedung des Montreal-Protokolls, eines internationalen Abkommens über das Verbot von Fluorkohlenwasserstoffen, war die überraschende Entdeckung des Ozonloches über der Antarktis entscheidend.[14]

Natürlich: Eine vernünftige und verantwortungsbewusste Klimapolitik ist nur auf Basis umfassender wissenschaftlicher Expertise möglich. Doch selbst dann, wenn die Klimaforschung in der Lage wäre, vollkommen präzise, eindeutige und unumstrittene Informationen zu liefern, etwa über das Ausmaß der globalen Erwärmung und ihre Folgen, könnte man rein theoretisch die einer aktiven Klimapolitik zugrunde liegenden Nachhaltigkeitsziele immer noch in Frage stellen. Im Alltag stellen wir oft genug die individuelle Mobilität über den Klimaschutz.

Auf Grund des hohen Verwissenschaftlichungsdrucks stehen im Klimastreit freilich nicht Wert-, sondern Wissensfragen im Vordergrund.[15] Protest gegen ambitionierte Klimapolitik äußert sich folglich in Form alternativer Expertise, die oft auf Halbwissen oder Verschwörungstheorien basiert. So führt die weitgehende Abstraktion von Wertefragen nicht zu der erhofften Rationalisierung des Klimastreits oder gar zu einer besseren Klimapolitik, sondern zu endlosem Gezänk.

Die Impfkontroverse

Ein anderes Beispiel: Impfen. Im Zuge der aktuellen Debatte um eine Impfpflicht in Deutschland kochten erneut die Emotionen hoch. Absehbar ist ein erbitterter Stellungskampf, in dem die alten Argumente erneut mit aller Vehemenz verfochten werden. Die Impfbefürworter weisen auf den Schutz der Allgemeinheit vor gefährlichen Infektionskrankheiten und hier insbesondere auf die Gefährlichkeit der Masernerkrankung für Kinder hin. Die Impfgegner hingegen verweisen auf Nebenwirkungen, etwa auf die Gefahren von Metallzusatzstoffen in Impfungen oder – der Klassiker – auf das Risiko, an Autismus zu erkranken oder gar zu sterben. Im Hinblick auf die hartnäckige Impfkritik lautet die erste Empfehlung der Experten, falsche Informationen zu bekämpfen, Aufklärung zu betreiben. Denn das Vertrauen in die experten- und evidenzbasierte Impfpolitik wird durch widersprüchliche Darstellungen im Internet, durch Fehlinformationen oder gezielte Manipulationen und Verschwörungstheorien unterminiert. Gerüchte und Ängste verbreiten sich im Netz ungehindert und wachsen teilweise zu einer regelrechten Protestwelle an. Die Digitalisierung erscheint auf diese Weise schon fast als die wahre Seuche, weil sie die Verbreitung gezielter Falschinformationen extrem beschleunigt. Empfohlen werden daher ein Monitoring der sozialen Medien sowie die regelmäßige Erhebung von Einstellungen in der Bevölkerung durch standardisierte Befragungen (die Forschung kennt sogar einen Impf-Vertrauensindex, kurz VCI).

Eine andere Empfehlung lautet, dass man das Vertrauen in die Experten stärken kann, indem man zweifelnde Eltern auf den weitreichenden Expertenkonsens hinweist. Über 90 Prozent aller Ärzte sind übereinstimmend der Meinung, dass Kinder alle vorgesehenen Impfungen erhalten sollten. Es besteht also ein starker Konsens darüber, dass das Impfen sicher und medizinisch absolut sinnvoll ist.[16] Allerdings werden die evidenzbasierten Aussagen der Experten von besorgten Laien durch anekdotische Evidenz in Zweifel gezogen – und zwar immer und immer wieder von neuem. Und solange die Experten nicht realisieren, dass der Streit auf der Inkommensurabilität der Weltbilder basiert, wird sich daran nicht viel ändern. Auf der einen Seite: das wissenschaftliche Weltbild, in dem die Beherrschung aller Dinge über Standardisierung und Berechenbarkeit hergestellt wird und Prognosen auf der Logik der großen Zahl beruhen. Auf der anderen Seite: das unbedingte Bestehen auf den Einzelfall und – eng damit verbunden – die Kritik an der Unterordnungs- bzw. Subsumtionslogik epidemiologischer Statistiken.[17] Besorgte Eltern interessieren sich aber nicht primär für die Impfwirksamkeit oder die generelle Sicherheit von Impfungen, sondern wollen einfach nur wissen: Welche Risiken bestehen für *mein* Kind?

Das heißt, die Einschätzungen der Experten sind für die Impfgegner gar nicht unbedingt unwahr, sondern eher irrelevant. Ihre massendatengestützten Aussagen beziehen sich nämlich nicht wirklich auf die Bedenken der Leute. Gesetzt den Fall, dass 90 Prozent aller Experten die aktuelle Impfpolitik unterstützen, kann die Besorgnis um das eigene Kind leicht zu der Vermutung verleiten, dass sich unter den restlichen zehn Prozent geniale Außenseiter befinden, die einfach irgendwie mehr wissen und darum vom Establishment an den Rand gedrängt werden. Das paradigmatische Beispiel liefert der britische Kinderarzt Andrew Wakefield, der mit seiner *Lancet*-Publikation aus dem Jahr 1998 die Debatte um den Zusammenhang von Impfung und Autismus so richtig in Schwung gebracht hat. Zwar wurde die Publikation wegen schwerer Methodenfehler (erst) nach zwölf Jahren zurückgezogen und Wakefield die ärztliche Zulassung aberkannt; dennoch ist er als Impfgegner hochaktiv und einflussreich geblieben. Viele Experten glauben, dass seine Aktivitäten zum Ausbruch der Masernwelle 2017 in Minnesota beigetragen haben.

In diesem Stellungskrieg gehen die wirklich wichtigen Fragen unter. Denn die Frage, ob »manche Impfung tatsächlich notwendig ist, debattieren selbst Fachleute, die eindeutig keine Impfgegner sind«.[18] Impfen ist durchaus nicht ohne Risiko: So kann es bei der Impfung gegen Windpocken zu sogenannten Durchbruchsinfektionen kommen (die Impfung provoziert die Erkrankung). Auch Grippeimpfungen sind kein Allheilmittel, denn am wenigsten wirksam ist sie »bei Älteren und Abwehrschwachen, sprich: denjenigen, die die Grippeimpfung am nötigsten hätten«.[19] Es besteht also durchaus Diskussionsbedarf, etwa über die Unzulänglichkeiten einzelner Impfungen und manche Unsicherheiten des medizinischen Wissens. Doch viele Fachleute trauen sich an diese Fragen öffentlich gar nicht heran, um nicht sofort als Mitstreiter von den Impfgegnern vereinnahmt zu werden. Die real existierenden Vorteile, aber auch die Defizite der aktuellen Impfpolitik kommen auf diese Weise erst gar nicht auf den Tisch. Stattdessen richtet man es sich in den alten Stellungen ein und führt einen Wissenskonflikt (Wie sicher ist das Impfen?). Und dieser Streit wird so lange nicht beendet sein, wie man nicht realisiert, dass es sich eigentlich um einen Streit zwischen Weltbildern handelt.

Die Kriminalitätsdebatte

Im Sommer 2016, mitten im US-Wahlkampf, wird Newt Gingrich, ein loyaler Trump-Verbündeter und früher Vertreter eines auf Polarisierung und Diffamierung setzenden Politikstils, von der CNN-Reporterin Alisyn Camerota interviewt. In diesem längeren Gespräch kommen sie auf das Thema Kriminalität zu sprechen.

CAMEROTA (CNN): Die Kriminalität in Amerika ist gesunken. Die Gewaltverbrechen sind zurückgegangen. Die Wirtschaft ist im Steigen begriffen.

GINGRICH: In den größten Städten ist die Kriminalität nicht rückläufig.

CAMEROTA (CNN): Gewaltverbrechen, die Mordrate ist rückläufig. Sie ist gesunken.

GINGRICH: Wie kommt es dann, dass sie gestiegen ist? In Chicago, Baltimore und –

CAMEROTA (CNN): Es gibt Ecken, in denen wir mit den Mördern nicht fertigwerden.

GINGRICH: Ihre Hauptstadt, ihre drittgrößte Stadt –

CAMEROTA (CNN): Aber die Gewaltverbrechen im ganzen Land sind zurückgegangen. Wir sind lange nicht mehr so stark unter Druck wie etwa in den 80er Jahren.

GINGRICH: [...] Der Durchschnittsamerikaner, das wette ich mit Ihnen heute Morgen, glaubt nicht, dass die Kriminalität gesunken ist, glaubt nicht, dass Amerika sicherer ist.

CAMEROTA (CNN): Aber wir sind sicherer, und die Kriminalität ist gesunken.

GINGRICH: Nein, das ist Ihre Ansicht.

CAMEROTA (CNN): Das ist eine Tatsache.

GINGRICH: Ich wollte nur – nein. Aber was ich gesagt habe, ist auch eine Tatsache. Der Durchschnittsamerikaner hat das Gefühl – wenn man in einen Nachtclub gehen und dort getötet werden kann, wenn man zu einer Party in einem Bezirksverwaltungsgebäude gehen und dort getötet werden kann, glauben die Leute nicht, dass ihre Regierung sie schützt. Wir hatten die Geschichte in Baltimore, in Dallas wurden Polizisten in einen Hinterhalt gelockt – Ihre Ansicht, ich verstehe Ihre Ansicht. Gegenwärtig ist es so, dass die Liberalen eine ganze Reihe von Statistiken haben, die theoretisch richtig sein mögen, aber sie berücksichtigen nicht das Gespür der Leute. [...]

CAMEROTA (CNN): [...] Aber was Sie sagen, ist – aber warten Sie, Herr Vorsitzender, denn Sie sagen, die Liberalen benutzen diese Zahlen, sie benutzen diese Art von magischer Mathematik. Dies sind die Statistiken des FBI. Und das ist keine Organisation der Liberalen.

GINGRICH: Nein, aber was ich sagte, ist ebenso wahr. Die Leute spüren es.

CAMEROTA (CNN): Sie fühlen es, ja, aber die Fakten unterstützen das nicht.

GINGRICH: Als Politiker schließe ich mich den Gefühlen der Menschen an und lasse Sie mit den Theoretikern ziehen.[20]

Der US-amerikanische Philosoph Lee McIntyre entwickelt in seinem lesenswerten Buch über *Post-Truth* eine typisch linksaufklärerische Lesart dieser Passage. Demnach widersetzt sich der Rechtspopulist (Gingrich) den Fakten und macht Emotionen – nämlich die Emotionen uninformierter Laien – zur Grundlage einer reaktionären Law-and-Order-Politik.[21] Hier zeigt sich Post-Wahrheit in der Nussschale: Emotionen und subjektive Einschätzungen zählen für die öffentliche Meinungsbildung mehr als Tatsachen und wissenschaftliche Expertise. Begegnet uns in Gingrich also das typische Exemplar eines reaktionären Faktenleugners?

Immerhin behauptet Gingrich, er beziehe sich ebenfalls auf Fakten, und seine Aussagen seien ebenfalls wahr – quasi genauso wahr wie die Daten des FBI. Ist das lediglich Zynismus? Wahrscheinlich nicht: Gingrich versteht es einfach als eine Tatsache, dass viele Leute Angst haben und sich nicht sicher fühlen. Aus strategischen Gründen wählt er die subjektive Wahrnehmung der Leute als Ausgangspunkt der Diskussion (was legitim ist, sofern diese Ängste nicht frei erfunden sind). Die CNN-Reporterin hingegen besteht darauf, dass als Faktengrundlage nur der wissenschaftlich-statistisch belegte Rückgang von Kriminalität legitim sei. Die Daten stammten vom FBI, und das sei keine parteipolitische Organisation, sagt sie. Sie meint also: Die Daten sind objektiv und glaubwürdig (und keine »Magie«). Es gibt statistisch gesehen einen Rückgang an Gewaltverbrechen und deshalb – so lässt sich die Argumentation fortspinnen – keinen Grund für eine Law-and-Order-Politik, die mit den Ängsten der Bevölkerung spielt. Gingrich hält dagegen, dass repräsentative Studien nicht repräsentativ für die Realität mancher Leute sind. Es mag »theoretisch« einen Rückgang der Gewalt geben, das belegen ja auch die Studien. Doch wer in Chicago oder Baltimore oder anderen Hochburgen der Gewalt lebe, habe wenig von der Aussage, dass – statistisch gesehen – die Kriminalitätsrate fällt.

Gingrich argumentiert also mit Blick auf den Einzelfall, der in der Statistik nicht berücksichtigt werden kann. Deswegen kann er behaupten, dass die Statistik nur das Glasperlenspiel von abgehobenen Theoretikern sei – und das meint hier: einer akademischen Elite. Die Wahrheit, so argumentiert er sinngemäß, liege aber bei den Leuten. Die statistischen Fakten sind theoretische und damit letztlich irreführende Konstrukte, eine Kopfgeburt der Liberalen, die eine Gegenrealität zur Welt der Leute erschaffen (»die Liberalen haben eine ganze Reihe von Statistiken, die theoretisch richtig sein mögen«).

Diese Argumentationsstrategie, also der strategische Bezug auf den Einzelfall, dient in aller Regel der Dramatisierung. AfD-Politiker Alexander Gauland hat dies im Oktober 2016 in einer *Panorama*-Sendung vorgeführt. Gefragt, warum die AfD die Kriminalität von Flüchtlingen aufbausche, obwohl die Statistiken dies gar nicht hergäben, antwortete er: »Ja, aber wir haben Köln. Sie argumentieren mit dem Durchschnitt, und ich argumentiere mit deutlichen Ausreißern vom Durchschnitt.« Natürlich ist auch »Köln«

ein Faktum (die sexuellen Übergriffe in der Silvesternacht 2015, vornehmlich durch nordafrikanische Asylbewerber). In der AfD-Inszenierung wird dann allerdings der Ausreißer als Regelfall dargestellt, quasi als Durchschnittswert.

Im Gespräch mit der CNN-Journalistin will Gingrich in ähnlicher Weise einen statistisch ermittelten Trend durch den Bezug auf Ausreißer (»Baltimore«, »Dallas«) widerlegen. Dies erinnert an Klimawandelleugner, die mit dem Hinweis auf einen kalten Sommertag die globale Erwärmung in Frage zu stellen versuchen. Dabei wäre es eigentlich gar nicht notwendig, die wissenschaftliche Wahrheit mit Rekurs auf die Befindlichkeiten der Leute zu relativieren. Was hindert Republikaner (und Demokraten) daran, die offiziellen Daten ernst zu nehmen und trotzdem anzuerkennen, dass es in manchen Gegenden der USA berechtigte Angst vor Kriminalität gibt?

Das Kernproblem des ganzen Zwists zwischen der CNN-Reporterin und dem Politiker besteht darin, dass sie ihren zutiefst politischen Streit nicht als politischen, sondern als einen Wissenskonflikt austragen. Beide Seiten versuchen, einen politischen Sachzwang zu konstruieren: Der Rekurs auf die Statistik soll unmittelbar eine *liberale*, der Rekurs auf die Erfahrungen (oder Einbildungen) der Leute eine *restriktive* Politik des Überwachens und Strafens begründen. Die CNN-Reporterin operiert – und das ist wichtig – in dieser Hinsicht nicht anders als Gingrich: Sie besteht darauf, dass ausschließlich die Statistik die relevanten Tatsachen abbildet. Und aus dem Grunde, weil die Kriminalitätsrate fällt, werden Ängste entweder künstlich aufgebauscht (durch die Republikaner) oder sind völlig irrational.

Gingrich hält dagegen: Der Durchschnittsamerikaner glaube nicht, dass das Land sicherer geworden ist. Die Gewalt sei praktisch überall; man könne überall getötet werden, in einem Nachtclub, in einem Verwaltungsgebäude. Stellen wir diese Äußerung in einen anderen Zusammenhang: Die Demokraten würden Gingrich für diese Bemerkung sofort und dankbar feiern, vorausgesetzt, sie würde im Kontext einer Debatte über restriktivere Waffengesetze fallen. Im Kontext der Debatte über restriktivere Strafgesetze jedoch vermuten die Demokraten eine Strategie der Dramatisierung.

Fazit: Auf Grund ihrer gemeinsamen Überzeugung, dass sich Politik unmittelbar aus dem empirisch Vorfindlichen ableiten lässt, reden die beiden Kontrahenten beständig aneinander vorbei. So verpassen sie eine Diskussion über grundsätzliche Wertefragen, die den ganzen Streit aber eigentlich überhaupt erst anheizen. Sie diskutieren nicht darüber, welchen Stellenwert man der Sicherheit (in Abwägung zu anderen Werten wie Freiheit oder Privatsphäre) zumessen sollte. Sie diskutieren nicht über Chancen und Risiken einer liberalen bzw. restriktiven Kultur des Strafens. Sie tun vielmehr so, als sei die Politik in ihren Entscheidungen vollkommen durch Zahlen, Daten und Fakten festgelegt. Damit reduziert sich der Streit auf die Frage, wer über die bessere Datengrundlage verfügt.

3. Liberale Demokratie: die Diktatur der Dummen?

Demokratie ist ein Experiment mit offenem Ausgang. Die Demokratie kann man verlieren, abwählen oder durch politische Reformen so stark transformieren, dass der innere Zusammenhang zwischen Demokratie und Liberalismus zerreißt. Tatsächlich ist der globale Drang nach Demokratie mittlerweile in eine veritable Rezession übergegangen. Während ab 1970 bis zur Jahrtausendwende die Anzahl der demokratischen Staaten kontinuierlich zunahm, ist sie im Anschluss wieder deutlich gesunken.[22] Auch in Europa nähren populistische Bewegungen und autokratische Regime heute die Befürchtung, dass die Demokratie zerfällt, und zwar ohne großen Knall und sichtbaren Umsturz, sondern lautlos und bei laufendem Normalbetrieb. Die Erkenntnis, dass die Demokratie kein Selbstläufer ist, kam für viele im Westen überraschend.

Im Sinne der klassischen Modernisierungstheorie verstand man nach 1945 Demokratisierung als einen unumkehrbaren Prozess. Man ging davon aus, dass die Demokratie überall dort gute Chancen habe, wo ökonomische Prosperität herrscht und freie Wahlen bereits einmal zu einem Regierungswechsel geführt hatten. Demokratie erschien in dieser Vorstellung als ein hochgradig robustes, wertbeständiges Möbelstück, das man für immer besitzt, wenn man es sich einmal angeschafft hat.

Die Modernisierungstheorie schließt damit ein Stück klassischer Geschichtsphilosophie ein: Ein Rückfall demokratisch verfasster Staaten auf eine frühere Stufe der Entwicklung scheint ausgeschlossen zu sein; man glaubte an den weltweiten und unaufhaltsamen, wenn auch vielleicht beschwerlichen Siegeszug der Demokratie. Francis Fukuyamas bekannte These vom »Ende der Geschichte« brachte dieses Denken kurz nach 1989 auf den Punkt. Natürlich wissen es heute alle besser, doch damals war diese Sichtweise – gerade mit Blick auf die Umwälzungsprozesse im ehemaligen Ostblock – durchaus plausibel und erzielte deshalb entsprechende Resonanz.

Aktuelle Diagnosen aus der Politikwissenschaft verbannen die große Erzählung vom Ende der Geschichte ins Sagenreich. Konstatiert wird eine schleichende Erosion der Demokratie: Orbáns Ungarn, Polen unter dem Diktat der Partei Kaczyńskis oder die Türkei unter Erdoğan sind aktuelle Beispiele für diese degenerativen Prozesse. Diese Regime repräsentieren neue Formen einer illiberalen Demokratie, in der politische Freiheitsrechte durch den Mehrheitswillen eingeschränkt werden.[23] Diese aktuellen Diagnosen gewinnen vor allem durch den neuen Autoritarismus und das Erstarken des Rechtspopulismus an Bedeutung. Die Vorstellung, dass wir auf dem Weg in eine postdemokratische Ära sind, in der die Institutionen der Demokratie zwar äußerlich intakt sind, aber nicht mehr mit Leben gefüllt werden, ist allerdings nicht neu.

Post- und Pseudodemokratie

In der Postdemokratie-Debatte richtete sich die Sorge vor allem auf das fehlende Interesse an politischer Beteiligung. Da die Mehrzahl der Bürger schweigsam, apathisch, desinteressiert oder desillusioniert ist, nutzen die Eliten den entstehenden Leerraum, so die Vermutung, entmachten den Souverän und betreiben ihre eigene Politik.[24]

Das politische Desinteresse wurde teilweise als Folge der Hyperindividualisierung gedeutet: Die von Flexibilisierungszwängen gepeinigten Selbstunternehmer (also fast alle) empfinden Einladungen zu demokratischer Teilhabe nicht als Verlockung, sondern als reine Last. Der zunehmenden Delegierung von politischen Fragen an Eliten und Experten sieht man teilnahmslos zu, weil man lieber seine Ruhe haben bzw. nicht überfordert werden will. Demokratie, so das Fazit, passt nicht mehr zum spätmodernen Lebensstil.[25]

In den verwandten Diagnosen einer »Postpolitik« vermutete man die Hauptgefahr für die Demokratie im Ausbleiben der Aushandlung von Konflikten und Widerspruch.[26] Da die Konstruktion politischer Gegnerschaft – paradigmatisch in der Feindbild-Rhetorik à la George W. Bush und Ronald Reagan (»Achse des Bösen«, »Schurkenstaaten«) – nicht mehr in den vertrauten Koordinaten von links und rechts oder oben und unten, sondern in den ethisch-moralischen Kategorien von Gut und Böse verläuft, verwandelt sich die polarisierte Klassengesellschaft in eine große Konsensgemeinschaft. Eine normativ restlos integrierte Gesellschaft jedoch, innerhalb derer es kein wirkliches »Außen«, keine überraschenden oder wörtlich: aus dem Rahmen fallenden Gegenpositionen und keinen Streit mehr gibt, der nicht reglementiert ist, fehlt der Nährboden für eine demokratische Erneuerung.

Die nachhaltigste Kritik an der liberalen Demokratie jedoch stammt aus den Reihen des orthodoxen Marxismus.

Für den Marxismus bestand das Kernproblem der liberalen Demokratie in ihrer normativen Anspruchslosigkeit. Tatsächlich ist die liberale Demokratie, wie schon der Nationalökonom Joseph Alois Schumpeter betont hat, eigentlich nur eine Methode zur Herstellung sozialer Ordnung; sie verfolgt von sich aus kein explizites normatives Ziel.[27] Es existiert im Rahmen der Demokratie keine konkrete Idee, nach welchen Kriterien diese Ordnung gestaltet werden soll. Denn der liberale Basiswert der Freiheit meint in diesem Zusammenhang nicht *Freiheit von Herrschaft*, sondern *Beteiligung an der Herrschaft* zum Zwecke der Legitimation. In der Praxis bedeutete dies, dass sich der Mehrheitswille durchaus als Einfallstor für illiberale Tendenzen erweisen kann. So wurde die liberale Demokratie vom Marxismus stets als bloß »formale« Demokratie attackiert: Die Garantie gleicher Rechte durch den bürgerlichen Egalitarismus erweise sich auf Grund der sozialen Ungleichheiten in der Praxis als Farce. Zwar ist der Arbeiter berechtigt, eine Partei zu gründen und für diese Werbung zu betreiben; in der kapitalistischen Realität jedoch bleibt dies ein Privileg der Reichen. Die wahre Demokratie, so schloss der reale Sozialismus daraus, ist nur jenseits des Kapitalismus möglich; nur die »soziale« oder »proletarische« Demokratie könne für echte Gleichheit sorgen (die Hochrangigkeit dieses Ziels legitimierte schnell undemokratische Praktiken, wie die Entwicklung in der frühen Sowjetunion zeigte). Eine bloße politische Demokratie jedoch, die die ökonomischen Machtverhältnisse ausblendet, erschien den Marxisten als Betrug. Kurz gesagt: Für den Marxismus stellte die liberale Demokratie eigentlich nie etwas anderes als eine raffiniert verschleierte ›Diktatur der Bourgeoisie‹ dar.

Wie viel Ignoranz verträgt die Demokratie?

In der Wissensgesellschaft zeigt die Demokratiekritik ein ganz anderes Gesicht. Im Mittelpunkt dieser Kritik stehen die gesellschaftlichen Wissens-, nicht die Machtverhältnisse. Das zentrale Problem wird in der kognitiven Überforderung von Politik und Wählerschaft gesehen, nicht in der Fernsteuerung der Politik durch kapitalistische Interessen. Ging es für den Marxismus darum, die Demokratie vor der Macht der Privilegierten zu schützen, will man heute eher die Demokratie vor der Dummheit der Leute retten. Demokratie erscheint weniger als politisches denn als epistemisches Problem. Wie viel Dilettantismus und ahnungsloses Improvisieren können wir uns auf Seiten der politisch Verantwortlichen angesichts drängender Überlebensfragen leisten? Und wie viel Inkompetenz auf Seiten der Wählerschaft verträgt die Demokratie?

Die drastischste Diagnose hat in diesem Zusammenhang der US-amerikanische Philosoph Jason Brennan in seiner Streitschrift *Gegen Demokratie* geliefert. Er führt aus, dass wir in der liberalen Demokratie deshalb systematisch zu schlechten Ergebnissen gelangen, weil jede Stimme gleich viel zählt. Die zahlreichen ungebildeten und moralisch inkompetenten Individuen, die einfach blindlings für irgendeine politische Option stimmen, schaden nicht nur sich selbst, sondern auch den vernünftigen Wählern und natürlich all jenen, die nicht wählen dürfen. Die intelligente Minderheit ist dazu verdammt, die Entscheidung einer inkompetenten Mehrheit mitzutragen.

Wie lautet Brennans Therapieempfehlung angesichts dieser Misere? Er votiert für die *Herrschaft der Wissenden*, die »Epistokratie«.[28] Er will also nicht die Herrschaft einer Expertenelite oder dem sprichwörtlichen Philosophenkönig übertragen. Vielmehr zielt sein Vorschlag darauf, all jene von der Politik auszuschließen, die durch ihre ausgeprägte Ignoranz negativ auffallen.

Obwohl Brennan an vielen Stellen seines Buches zu beruhigen versucht, dass die Gruppe der Ausgeschlossenen sehr klein sein dürfte (etwa fünf Prozent der Bevölkerung), so lässt sein Anspruch auf »wissenschaftliche Kenntnisse« erkennen, dass es doch sehr viel mehr sein dürften. Hatte man also früher die politische Teilhabe mit schlechten Gründen eingeschränkt (kein Besitz, falsche Hautfarbe, falsches Geschlecht), so gibt es jetzt ein gutes Motiv, lässt sich mit Brennan schlussfolgern: Vernunft und Kompetenz, also die geistig-moralische Reife.

Spätestens an dieser Stelle zeigt sich überdeutlich, dass der Intellektualismus (oder Ratiozentrismus) möglicherweise die letzte gültige Ideologie in der Wissensgesellschaft bleibt, nachdem alle Formen von Rassismus, Sexismus und Antisemitismus im Prinzip abgewirtschaftet haben.

Wohl in Antizipation der wilden Proteste gegen seinen Vorschlag bietet Brennan auch noch ein abgespecktes Modell seiner Epistokratie an. Bei dieser »milden Epistokratie« handelt es sich um eine liberale Demokratie der alten Schule, die jedoch durch ein Kontrollorgan hinsichtlich ihrer politischen Rationalität überwacht wird. Dieser »epistokratische Rat« kann bei »falschen Entscheidungen« und »inkompetent beschlossenen Gesetzen« sein Veto einlegen, etwa dann, wenn die Wähler die Regierung »aus Paranoia« gewählt haben.[29] Die Auswahl der Ratsmitglieder erfolgt durch einen strengen Kompetenztest auf dem Feld der

Sozialwissenschaften und der politischen Philosophie (genau dies sind die Forschungsgebiete des Autors). Auch wenn man Brennans Vorschlag mit einer gewissen Sympathie folgt, so dürfte doch kaum schlüssig zu entscheiden sein, welche Wahlentscheidung denn nun paranoid und welche Gesetzgebung inkompetent ist – wo doch darüber, was als eindeutig »falsch« oder »irrational« zu verstehen ist, oft nicht einmal innerhalb der Expertenschaft Konsens besteht.

Natürlich trifft Brennan einen wichtigen Punkt: Ein zentrales Problem der liberalen Demokratie besteht darin, dass die Mehrheit irren kann (und sie hat oft geirrt). Das ist der (hohe) Preis der Freiheit. Mit Blick auf die Trump-Ära in den USA, als mit Verschwörungstheorien und absurden Behauptungen eine populistische Politik betrieben wurde, platzt hier einem Intellektuellen der Kragen. Wir müssen schleunigst zu einer rationalen, gerechten, nachhaltigen Politik finden, fordert Brennan, auch wenn das bedeuten sollte, die Dummen von der politischen Teilhabe auszuschließen. Und es ist ohne Zweifel zutreffend: Wer von politischen Parteien und Positionen rein gar nichts weiß, dessen Wahl muss tatsächlich zum Würfelspiel werden. Doch tragen Brennans Diagnose und Therapievorschlag?

Um dies zu beurteilen, muss man sich Brennans Argumentation vergegenwärtigen. Die Argumente lauten:

1. Politische Probleme lassen sich durch den Rekurs auf Fakten und Wahrheiten lösen, es gibt also (objektiv) richtige Antworten auf politische Fragen.
2. Die Überlegenheit dieser rationalen Lösungen lässt sich auf der Basis einschlägigen Wissens erkennen. Daraus folgt:

3. Nur die Wissenden sollten politische Gestaltungsmacht eingeräumt bekommen, damit die besten, nämlich rationalen, Lösungen realisiert werden können.

Das zentrale Problem dieser epistemischen Demokratiekritik besteht darin, dass sie die typisch wissenschaftliche Wahr-/Falsch-Unterscheidung in die Politik hineinträgt. Brennan geht implizit davon aus, dass die Wissenschaft stets eindeutige und eindeutig überlegene Antworten auf politische Streitfragen liefern kann. Das ist jedoch selten genug der Fall; oft ergibt sich nicht einmal ein enger Bezug zwischen dem politischen Problem und der wissenschaftlich übersetzten Forschungsfrage. Doch selbst dann, wenn ein unbestreitbar überlegenes Wissen existieren sollte, so ergibt sich aus der wissenschaftlichen Tatsachenfeststellung noch nicht automatisch ein politischer Handlungszwang. Einer auf dem Faktum des Klimawandels beharrenden Politik der Nachhaltigkeit ließe sich im Prinzip durchaus mit dem Insistieren auf kurzfristige Wachstumsziele begegnen, also mit dem Rekurs auf (alternative) Werte. Erst dann, im Zuge eines solchen Werte- oder Interessenkonflikts, entsteht überhaupt erst ein Anlass für Politik.

Brennans Kurzschluss zwischen Faktenwissen und rationaler Politik ist nicht nur normativ fragwürdig, sondern wahrscheinlich auch empirisch falsch. Als fröhlicher Positivist geht Brennan davon aus, dass die Fakten für sich sprechen, nach dem Motto: Wer die reale Höhe der Sozialausgaben in den USA kennt, wird dem Modell staatlicher Krankenversicherung gegenüber sehr skeptisch sein. Aber das ist kaum plausibel. Die konkrete Entscheidung für oder gegen *Obamacare* hat viel eher mit der Wertschätzung zu tun, die die Leute politisch polarisierenden Konzepten wie Solidarität bzw. Selbstverantwortung entgegenbringen.

Mit seiner Epistokratie handelt sich der anarchistisch-libertär gestimmte Brennan ironischerweise die alten Probleme des Marxismus ein. Die liberale Demokratie ist auf den Basiswert der Freiheit festgelegt. Dies hat eine *Prozeduralisierung* des Politischen zur Folge, weil es *nicht* um die stromlinienförmige Verfolgung eines vorgegebenen Ziels geht, das man auf Basis höherer Einsicht festgelegt hat. Die liberale Demokratie leistet sich also den Luxus von Versuch und Irrtum. Mit dem Auftrag an die Demokratie, »intelligente« Lösungen zu ermöglichen, betreibt Brennan jedoch eine *Substanzialisierung* des Politischen, die notwendigerweise zu Einschränkungen der politischen Teilhabe führt – nicht anders als im realen Sozialismus, auch wenn sich Legitimation und Ausmaß der Restriktionen jeweils unterscheiden.

Brennans Buch ist ein Manifest der Konfliktmüdigkeit. Dass die Politik nach »Lagern« und nicht nach Kompetenz funktioniert, bringt den Philosophen zur Weißglut. Denn er ist fest davon überzeugt, dass sich Blockaden überwinden und eine vernünftige Politik realisieren ließen, wenn nicht die Dummheit regieren würde. Doch was macht ihn da eigentlich so sicher? Kontroverse Themen wie Abtreibung, Waffenbesitz, Legalisierung von Drogen oder die Kontrolle der Geheimdienste werden nie automatisch bzw. auf der Basis besseren Wissens entschieden werden, auch wenn aus Brennans Perspektive die Bessergebildeten geschlossen eine fortschrittliche Politik vertreten. Doch auch die These, dass Gebildete automatisch fortschrittlicher sind, ist fragwürdig. Gerade die Gebildeten waren etwa zu Beginn des 20. Jahrhunderts davon überzeugt, dass aus Gründen der Eugenik – einem damals reputierlichen Wissenschaftsfeld – eine sozialstaatliche Fürsorge für Arme, Schwache und Behinderte kontraproduktiv sei. Welche Politik als fortschrittlich, emanzipativ oder rational gelten darf, wird im Einzelfall also immer hochgradig umstritten sein. So zäh diese Wertekonflikte oft verlaufen: Wer mit Bezug auf ein eindeutig überlegenes Wissen nach Abkürzungen sucht, schafft die Politik und/oder die Demokratie ab.

Um Missverständnissen zuvorzukommen: Natürlich ist es wünschenswert, dass politische Entscheidungen einschlägig informiert sind und nicht auf Verschwörungstheorien basieren. Doch zu diesem Zweck sollte man die Dummheit bekämpfen und daher auf (Weiter-)Bildung, Medienvielfalt, Beteiligungsinitiativen und eine anspruchsvollere Debattenkultur setzen, nicht aber auf den Ausschluss der Dummen. Eine solche alteuropäische Aufklärungsempfehlung mag den Fox-News-geplagten Linksintellektuellen in den USA jedoch ziemlich altbacken erscheinen.

Die Rettung der Politik vor ihrer eigenen Inkompetenz

Eine gemäßigtere Variante epistemischer Demokratiekritik hat zuletzt der Soziologe Helmut Willke vertreten. Sein Ärger gilt nicht dem grassierenden Populismus, sondern der grundsätzlichen Lebenslüge aller Politik in der Wissensgesellschaft: dass sie noch ungeteilte Gestaltungsmacht habe und tatsächlich in der Lage sei, überlegene, weil informierte und weitgehend eigenständige Entscheidungen zu treffen.[30] Doch die Politik, so Willke, ist schon die längste Zeit von parastaatlichen Institutionen, von Expertengremien und Lobbyisten abhängig. Eine Auslagerung von souveränen Rechten der Legislative an nachgeordnete Institutionen findet längst statt, erinnert sei nur an die Arbeit der Verfassungsgerichte (Normenkontrolle), der Zentralbanken (Geldpolitik), der Rechnungshöfe (fiskalische Prüfung) oder der technischen Überwachungsvereine (technische Sicherheit). Darüber hinaus nehmen heute unzählige Kommissionen, Beratungsfirmen und Denkfabriken (*think tanks*) Einfluss auf die Politik, wenn auch in unkontrollierter und intransparenter Weise. Willke fordert daher, diese Prozesse ans Licht der Demokratie zu bringen, nicht um sie zu diskreditieren, sondern um sie öffentlich kontrollierbar und damit auch reflexiv gestaltbar zu machen.

Sein Vorschlag meint also im Kern, die bereits eingeübte und vielfach bewährte Arbeitsteilung zwischen Expertenwissen und politischer Macht öffentlich und transparent zu machen, und zwar zu gegenseitigem Nutzen: Die Auslagerung komplexer Probleme an Expertengremien hilft, eine chronisch überlastete und kognitiv überforderte Politik zu entlasten. Spezialisierte Institutionen sollen das Management von Kollektivgütern wie Geld, Gesundheit oder Sicherheit übernehmen. Die Politik wiederum hätte Zeit und Muße dazu, sich mit Grundsatz- und Wertefragen zu befassen, die im hektischen Tagesgeschäft meist vernachlässigt werden. Da diese Grundsatzfragen auch ohne besondere Fachkenntnis beurteilt werden können, würde eine Politik, die sich traut, Spezialprobleme an Experten abzugeben, auch endlich wieder für das Wahlvolk interessant.

Doch welche politischen Fragen wollen wir überhaupt an die Experten delegieren?

Diese Frage löst in aller Regel den ›Expertokratieverdachtsreflex‹ aus. Alle Macht den Räten – um Himmels willen! In dieser Tonlage wurde gegen Gerhard Schröders Einberufung des Nationalen Ethikrats im Jahr 2001 genauso wild opponiert wie gegen den 1988 vom Umweltprogramm der Vereinten Nationen ins Leben gerufenen Weltklimarat (IPCC). Heute wird der Deutsche Ethikrat allenthalben dafür gewürdigt, den biopolitischen Diskurs in Deutschland gehaltvoll initiiert und maßvoll reguliert zu haben; und die Umweltaktivisten aller Länder mahnen lautstark die Staatschefs dieser Welt, endlich den Empfehlungen des IPCC zu folgen und diese in wirksame Klimastrategien zu übersetzen.

Man ist also gut beraten, die immense Bedeutung von Expertise als Grundbedingung aller Politik in der Wissensgesellschaft erst einmal anzuerkennen. Mit der sprichwörtlichen Macht der Algorithmen und Big-Data-basierten Prozesse hat sie ohnehin noch einmal zugenommen. Was beispielsweise im Graubereich der Überwachung und Profilbildung mittels personenbezogener Daten möglich ist, darüber lassen sich verblüffte Politrepräsentanten erst von der Technikfolgenabschätzung oder auch gelegentlich von Dissidenten wie Snowden und Assange aufklären. Doch auch andere großformatige Probleme wie etwa die Zukunft der Rentensysteme, die Staatsverschuldung oder Energiefragen erfordern ein erhebliches Maß an Fachwissen.

Willke will nicht länger darauf vertrauen, dass eine undifferenzierte Partizipation mit dem unrealistischen Fernziel der All-Inklusion tatsächlich zur Lösung der vertrackten Probleme der Gegenwart beiträgt. Deswegen plädiert er für eine nach kognitiven Kompetenzen differenzierte Teilhabe. Um dem Vorwurf der Expertokratie zu entgehen, fordert er größtmögliche Transparenz bei der Auswahl der Beteiligten sowie in den Aushandlungsprozessen in den jeweiligen Organisationen. Die Autorität der Experten soll nicht auf dem blinden Vertrauen der Laien basieren; sie hängt, so argumentiert Willke, vielmehr davon ab, dass sie jederzeit und grundsätzlich hinterfragbar ist und die Experten auf diese Kritik auch antworten müssen.[31] Das heißt, solange es einen funktionierenden Kontext der kritischen Infragestellung und prinzipiellen Überprüfbarkeit von Expertise gibt, ist unser Vertrauen in die Macht der Experten gerechtfertigt. Daraus folgt freilich nicht, wie Mark Warren klargestellt hat, dass wir im Alltag deshalb eine Art ständiger, partizipativer Expertenüberwachung praktizieren müssten: »Wir wollen sichere Flugzeuge und Lebensmittel, nicht die Möglichkeit, an der Kontrolle von Fleisch und Flugzeugsicherheit teilzunehmen.«[32] Entscheidend ist also, dass es einen institutionellen Mechanismus wirksamer Infragestellung von Expertise gibt – sei es durch andere Experten, sei es durch zivilgesellschaftliche Organisationen. Ein solcher Mechanismus legitimiert unser Vertrauen in die Experten und verhindert, dass Expertenautorität irgendwann gleichbedeutend mit Expertokratie wird.

Wenn Willke einen nationalen Klimarat nach dem Vorbild des IPCC empfiehlt, der auf Grund seiner politischen Entscheidungskompetenz längst überfällige Maßnahmen anstößt, dann ist das natürlich eine ebenso sympathische wie verführerische Vorstellung: Bislang umkämpfte, zu Tode verhandelte oder politisch blockierte Themen würden sich jetzt lautlos und praktisch wie von selbst, nämlich auf der Grundlage fundierter Expertise, entscheiden. Doch dies funktioniert nur, wenn über die (letztlich politisch festzulegenden) Klimaziele und den besten Weg zu ihrem Erreichen keine grundlegende Meinungsverschiedenheit besteht, und zwar nicht nur innerhalb der Expertenschaft.

Die Abwicklung politischer Fragen durch Expertengremien kann also nur dann reibungslos funktionieren, wenn sich die Experten in der betreffenden Frage auf einen allgemeinen Wertekonsens verlassen können. Denn nur dieser Wertekonsens lässt die (unumgängliche) Wertebeladenheit von Wissensfragen nicht sichtbar werden. Nur unter der Bedingung von weitreichendem Wertekonsens können wir glauben, dass es so etwas wie reine Wissensfragen gibt, die sich gefahrlos delegieren lassen.

Die Idee, sperrige Wissensfragen aus der Politik auszulagern, setzt also voraus, dass sich klar zwischen Wissens- und Wertefragen unterscheiden lässt. Doch das ist mehr als fraglich. Ob das umstrittene Unkrautvernichtungsmittel Glyphosat weiterhin in der EU zugelassen sein sollte; ob ein Ozonwert von 180 µg/m³ ein angemessener Schwellenwert ist, um die Bevölkerung durch Warnhinweise vor gesundheitlichen Schäden zu schützen; ob die aktuellen Grenzwerte für Stickoxide zu streng oder zu lasch sind, um rechtzeitig Dieselfahrverbote wirksam zu machen – all diese Fragen scheinen rein technischer Natur zu sein. Doch der Schein trügt. Auch wenn es in allen drei genannten Beispielen um den hohen Wert des Gesundheitsschutzes geht: Im Rahmen politischer Entscheidungsfindung werden auch andere Werte, etwa der Anspruch auf Wirtschaftswachstum oder individuelle Mobilität, eine Rolle spielen. Man darf sich also auf hitzige Politdebatten darüber einstellen, welche politischen Streitfragen überhaupt der unmittelbaren Sphäre des Politischen entzogen werden dürfen.

In Willkes Modell manifestiert sich ein unumstößlicher Glaube an die politische Sachzwangwirkung besseren Wissens. Dahinter steht die Überzeugung, dass politische Angelegenheiten sich vollständig in Wissensfragen übersetzen lassen, deren Beantwortung, wenn weitreichender Expertenkonsens herrscht, politisch dann auch nicht mehr bezweifelbar ist. Tatsächlich aber erscheint uns die vollständige Delegierung politisch relevanter Streit- und Sachfragen an Expertenräte wohl nur dann legitim, wenn sich die Expertendebatte auf instrumentelle Aspekte beschränkt und über die grundlegenden Ziele weitreichender Konsens besteht. In einer Gesellschaft jedoch, die ihren Mitgliedern gerade in Lebensstilfragen weitreichende Freiheiten gewährt, ist ein solcher Konsens nicht zu erwarten, zumindest nicht dann, wenn mit der Streitfrage weitgehend lebensstilabhängige Themen wie Ernährung, Gesundheit oder Mobilität verknüpft sind. Welche Streitthemen man als exklusive Wissensfragen verstehen und an Expertengremien delegieren sollte, ist – zumindest in der liberalen Demokratie – wiederum nur politisch zu entscheiden. Und damit beginnt sich die Geschichte im Kreis zu drehen.

Wahrheit als notwendige Fiktion

Wer die gegenwärtige Krise der Demokratie als ein Problem mangelnder Expertise (auf Seiten der Politik bzw. der Wählerschaft) deutet, überzeichnet den Sachaspekt politischer Streitfragen und unterstellt damit, dass bessere Politik nur auf der Grundlage besseren Wissens zu haben ist. Doch gute Politik lässt sich nicht (oder nur selten) auf die richtige Lösung von Wissensfragen reduzieren, und politische Konflikte lassen sich auch nicht mit Verweis auf wissenschaftliche Wahrheiten befrieden. Soll man daraus schließen, dass sich die Idee der Demokratie nicht mit der Idee objektiver Wahrheit verträgt?

Auf den ersten Blick scheint es so: Die liberale Demokratie, so hat der österreichische Verfassungsrechtler und Soziologe Hans Kelsen schon in den 1920er Jahren argumentiert, funktioniert nur auf Basis einer relativistischen Weltanschauung. Dieser Relativismus überträgt, so könnte man sagen, das wissenschaftliche Prinzip der Falsifizierbarkeit (alle Aussagen müssen sich an der Wirklichkeit überprüfen lassen) in den Bereich des Politischen. Er gründet vor allem auf der Bereitschaft, die offene Auseinandersetzung zwischen den Parteien als Chance auf Durchsetzung des Besseren zu verstehen. So institutionalisiert die Demokratie einen Markt der Meinungen, auf dem sich im gemeinsamen Ringen, so die klassische Vorstellung, eine Position verfestigt, die den isolierten Einzelmeinungen gegenüber überlegen ist. Die Wahrheit wird auf diese Weise zu einer relativen Angelegenheit, weil die liberale Demokratie eine Politik der kleinen Schritte bevorzugt: Andersdenkende und konkurrierende Parteien werden als legitime Rivalen oder sogar als notwendiges Korrektiv verstanden, nicht jedoch – wie in populistischer Zuspitzung – als bösartige Gegner oder kriminelle (Staats-)Feinde:

> Wer absolute Wahrheit und absolute Werte menschlicher Erkenntnis für verschlossen hält, muss nicht nur die eigene, muss auch die fremde, gegenteilige Meinung zumindest für möglich halten. Darum ist der Relativismus die Weltanschauung, die der demokratische Gedanke voraussetzt.[33]

Wer einem absoluten Wahrheitsbegriff anhängt, privilegiert Dogmatismus, Autoritarismus, Intoleranz – und gefährdet damit letztlich die Demokratie selbst. Nur auf Basis eines weltanschaulichen Relativismus lassen sich wesentliche Elemente der Demokratie wie wechselnde Mehrheiten und geschützte Minderheiten begründen. Überspitzt formuliert: Das Schicksal der Demokratie hängt an der Verbreitung eines typisch wissenschaftlichen Habitus, für den Skepsis, Selbstkritik und ein ausgeprägtes Misstrauen gegenüber absoluten Wahrheitsansprüchen grundlegend sind.[34]

Das ist keine kritiklose Verherrlichung der (angeblichen) Weisheit der Vielen, ganz im Gegenteil: Man kann dem Volk eigentlich nur darum Entscheidungen in die Hand geben, weil diese revidierbar sind, weil sie nicht als der Weisheit letzter Schluss verstanden werden müssen. Wenn es eine absolute Wahrheit gäbe, würde und dürfte man auf keinen Fall das Volk mit der Umsetzung beauftragen. Wenn man jedoch die Idee absoluter Wahrheit beiseitelässt, wenn man es sozusagen locker nimmt, dann kann man auch »(mehr) Demokratie wagen«.

Doch andersherum gefragt: Stellt die liberale Demokratie den Sargnagel für jeden Glauben an eine Wahrheit dar? Redet sie einem hemmungslosen Relativismus das Wort? Man könnte dieser Meinung werden, wenn wir den Philosophen Richard Rorty hören:

> Für die Idee einer liberalen Gesellschaft ist es von zentraler Bedeutung, dass alles erlaubt ist, sofern es um Worte im Gegensatz zu Werken, um Überzeugungskraft im Gegensatz zu Gewalt geht. Diese Aufgeschlossenheit sollte nicht deshalb gehegt und gepflegt werden, weil, wie die Bibel sagt, die Wahrheit groß ist und siegen wird, auch nicht, weil, wie Milton meint, in freiem und offenem Kampf die Wahrheit immer gewinnen wird. *Eine Gesellschaft ist dann liberal, wenn sie sich damit zufriedengibt, das ›wahr‹ zu nennen, was sich als Ergebnis solcher Kämpfe herausstellt.*[35]

Früher klang das einigermaßen verführerisch, eine Unverträglichkeit von offener Gesellschaft mit objektiver Wahrheit zu behaupten. Irgendwie basisdemokratisch, antielitär. Doch würde man Rortys Aussage wörtlich nehmen, würde man zusammen mit der Wahrheitsidee wahrscheinlich im gleichen Zug die liberale Demokratie beerdigen. Denn die zutiefst liberalistische Vorstellung, dass sich individuelle Freiheit nur über die Verstetigung sozialen Wandels realisieren lässt, baut in letzter Instanz auf den produktiven Dissens. Und Dissens wird nur dann produktiv, wenn er zur Auseinandersetzung reizt. Jede Auseinandersetzung aber hat zur Voraussetzung, dass man in derselben Welt, in derselben Wirklichkeit lebt.

Nur der nicht reglementierte Wettstreit zwischen den Meinungen, so hatte der klassische Liberalismus gepredigt, garantiert Fortschritt und Freiheit. Ein solcher Wettstreit aber entwickelt sich überhaupt nur dann, wenn etwas auf dem Spiel steht, nämlich: die Überlegenheit der eigenen Anschauung. Diese Überlegenheit, also der erfolgreiche Anspruch auf besseres Wissen, lässt sich jedoch nur dort feststellen, wo die Kontrahenten eine gemeinsame Wirklichkeit teilen. Ein echter Konflikt braucht nicht einfach nur einen Meinungsgegensatz, sondern vor allem basale Gemeinsamkeiten zwischen den Konfliktparteien, wie schon der Soziologe Georg Simmel in seiner berühmten Studie über den Streit betont hat.[36] Diese Gemeinsamkeiten kristallisieren sich in der *Idee objektiver Wahrheit*. Nur sie führt die Kontrahenten zu der gar nicht weiter reflektierten Überzeugung, dass die Sache den Streit wert ist und dass es besser und schlechter begründete Positionen gibt. Andernfalls herrschte einfach *Indifferenz*.

Ohne gemeinsame Wirklichkeit, und das heißt: ohne jede Wahrheitsvorstellung, oder präziser: ohne jede Überzeugung davon, dass es schlechtere und bessere Irrtümer gibt, fehlt die Motivation zum Konflikt. Gleichzeitig darf sich die Wahrheitsidee natürlich nicht zum *Wahrheitsabsolutismus* verhärten, denn Dogmatismus befeuert in aller Regel nicht den rationalen Meinungswettstreit, sondern den offenen Krieg. Der für offene Gesellschaften konstitutive Konflikt ist voraussetzungsvoll, erfordert er doch gleichzeitig ein hohes Maß an Engagement und eine Fähigkeit zur Selbstrelativierung. Er erfordert sozusagen einen undogmatischen Glauben an das bessere Wissen. Kurz gesagt: Wenn Freiheit ohne sozialen Wandel nicht denkbar ist und der soziale Wandel den Konflikt voraussetzt, dann hängt in liberalen Demokratien sehr viel von der Ermöglichung konstruktiver Konflikte ab. Konflikte aber entwickeln sich nur auf Basis einer Wahrheitsvorstellung, wobei Wahrheit wenigstens in einem minimalen Sinne als objektiv verstanden werden muss.[37]

Aus dieser Argumentation ergibt sich ein funktionalistisches Argument für das Festhalten an der Idee objektiver Wahrheit: Offene Gesellschaften sind nur im Modus dauerhafter Bewegung stabilisierbar. Konflikte, die sozialen Wandel vorantreiben, sind für offene Gesellschaften daher essentiell – und die Wahrheitsidee ist ein zentraler Motor für Konflikte.

Die politische Philosophie hat das (Post-)Wahrheitsproblem – auf den Spuren von Hobbes – vor allem mit der *Gefahr des Ordnungsverlustes* verknüpft. Eine gemeinsam geteilte Wirklichkeit, so hat die französische Philosophin Myriam Revault d'Allonnes herausgearbeitet, ist wichtig, um Tatsachenbehauptungen an der Realität messen zu können. Andernfalls gelten Tatsachenbehauptungen als bloße Meinungsäußerungen. So verewigt sich der Streit, weil Konflikte nicht mehr mit Verweis auf unstrittige Tatsachen überwunden werden können: Die Indifferenz gegenüber Wahrheit führt in eine Gesellschaft (zurück), die den Kampf aller gegen alle zu entfesseln droht. Konflikte, so lässt sich erwarten, werden in dieser Gesellschaft auf der Grundlage von Macht, nicht aber auf der Grundlage von besserem Wissen überwunden.[38]

Man müsste ergänzen: Die Idee objektiver Wahrheit befriedet nicht nur Konflikte (weil Tatsachenbehauptungen an einer gemeinsam geteilten Wirklichkeit überprüft werden können), sie regt sie auch an. Denn ohne diese Idee lassen sich (rivalisierende) Tatsachenbehauptungen weder als Tatsachenbehauptungen noch als rivalisierend verstehen. Nur der gemeinsame Glaube an eine »richtige« Antwort verwandelt die bloße Alternativmeinung in einen produktiven Dissens. Der Magnetismus der Wahrheitsidee verhindert, dass die widersprüchlichen Positionen beziehungslos nebeneinander stehen bleiben. Es ist zu erwarten, dass eine Gesellschaft, die gleichgültig der Wahrheit gegenübersteht, nicht nur an unlösbarem Meinungsstreit (oder Anomie), sondern vor allem an mangelnder Dynamik leidet. Die moderne oder modische Verabschiedung eines überindividuellen, objektiven Wahrheitsbegriffs stellt für die Demokratie darum eine ähnlich schwerwiegende Gefahr dar wie die historisch überholte Idee absoluter Wahrheit. Die Idee objektiver Wahrheit ist für liberale Demokratien eine notwendige Fiktion.

4. Noch mehr Demokratie wagen?

Ist die kantische Idee vom ewigen Frieden ein wünschenswertes Ziel der Geschichte? Für den Marxismus war dies nie eine ernstzunehmende Frage. Im Bild einer klassenlosen Gesellschaft wurde ein zukünftiges Zeitalter der Harmonie vorweggenommen, in dem alle Gegensätze und Konflikte überwunden sein würden. Für den Liberalismus hingegen klang die Rede vom »Ende der Geschichte« – sei es in der Version von Hegel, sei es von Fukuyama – immer bedrohlich. »Unser Traum vom Himmel läßt sich auf Erden nicht verwirklichen«, resümiert Karl Popper am Ende seines großen Essays über die offene Gesellschaft.[39] Doch sollte sich dieser Traum doch noch irgendwann verwirklichen lassen, dann, so wäre im Sinne Poppers zu ergänzen, nur in totalitärer Form, denn im real existierenden Paradies ist Widerspruch nicht legitim. Die offene Gesellschaft kann nur dann Realität werden, wenn man sie als ein unabschließbares Projekt versteht.

Auf die politische Agenda kam dieses Projekt in der sozialliberalen Ära der 1970er Jahre. Der Muff unter den Talaren der akademischen Würdenträger war von den rebellischen Studenten gerade gründlich durchlüftet worden, und ausgehend von 1968 entwickelte sich eine linksalternative Bewegung, die genau das betrieb, was der »Sonnenkönig« genannte damalige Bundeskanzler Bruno Kreisky für sein Österreich einforderte: eine Demokratisierung sämtlicher Lebensbereiche. Dieser Vision folgten praktisch alle sozialdemokratisch geführten Länder in Europa. »Mehr Demokratie wagen« wurde zur Verheißung dieses Jahrzehnts. Mehr Demokratie wagen, das bedeutete: eine kontinuierliche Verbesserung der Gesellschaft durch eine Politik der kleinen Schritte.

Ist nun das politische Tagwerk bereits erledigt, wenn politische Gewaltenteilung, freie Marktwirtschaft und bürgerliche Freiheitsrechte realisiert sind? Wenn Armut, Ausgrenzung und Stigmatisierung der Vergangenheit angehören? Wenn die scheinbar überzeitlichen Institutionen als Menschenwerk entmystifiziert und damit der öffentlichen Kritik zugänglich gemacht sind? Aus Perspektive jener politischen Denker, die in der Tradition von Aufklärung, Moderne und Rationalismus standen, war die Antwort immer ein klares »Ja«. Ein scharfes »Nein« kam von einem Wissenschaftsphilosophen, der das Projekt einer offenen Gesellschaft auf die *epistemische* Ebene tragen wollte: von Paul Feyerabend.

Epistemischer Populismus

»Noch viel mehr Demokratie wagen«, lautete Feyerabends Devise. Denn noch die liberale Vision einer offenen Gesellschaft sei in einer grundlegenden Hinsicht hochgradig entscheidungsverschlossen, und zwar im Hinblick auf ihre Weltanschauung, die maßgeblich durch Wissenschaft und Rationalismus geprägt ist. Freie Bürger aber sollten auch ihre Weltanschauung frei wählen dürfen und nicht von vornherein auf jenen Rationalismus festgelegt sein, der von Experten vertreten, in Schulen und Universitäten vermittelt, durch Medizin und Technik verkörpert und vom Staat finanziert wird. Kurz: Der Anspruch der Offenheit muss nicht nur sozial und politisch, sondern auch in epistemischer Hinsicht eingelöst werden, denn erst dann könne man wirklich von einer offenen Gesellschaft sprechen. Dieser Utopie steht jedoch die Hegemonie der Wissenschaft im Weg. Und diese Vormachtstellung ist unbegründet.

Denn die Wissenschaft ist Feyerabend zufolge nichts anderes als eine Ideologie wie der Animismus bzw. ein »besonderer Aberglaube«, der allerdings eine Sonderstellung in der Gesellschaft innehat, weil er durch die Erkenntnistheorie mystifiziert wird.[40] Die Mystifizierung beruht auf dem Glauben daran, dass es zeitlos gültige und universell anwendbare Methoden gibt, deren strenge Befolgung mit gleichsam algorithmischer Präzision vernünftige Ergebnisse garantiert. Genau das, kritisiert Feyerabend, ist aber nicht der Fall: Methoden würden in lokalen Zusammenhängen und problemspezifisch entwickelt; sie seien nicht generalisierbar und standardisierbar und damit denselben ideologischen Einflüssen gegenüber offen wie der normale Menschenverstand. Auch die Wissenschaft sei nichts anderes als eine soziale Praxis, die sich weder durch höhere Vernunft noch durch ein überlegenes Regelwerk auszeichne. Der hohe (rhetorische) Stellenwert der Methodenlehre verstelle die Tatsache, dass die Wissenschaftler aller Fächer und Disziplinen einen großen Spielraum für Entscheidungen haben und außerwissenschaftliche Faktoren in der Wissensproduktion eine große Rolle spielten. Für die meisten Wissenschaftler gelte ein solches Abweichen

> nur, solange sie aktiv forschen und anderen Forschern von ihren Ergebnissen berichten. *Zur Reflexion über die Forschung aufgefordert, redet die große Mehrzahl der Wissenschaftler ganz anders.* Da ist nicht von zufälligen

> Umständen die Rede, da hört man nichts von den Hindernissen, die durch persönliche Idiosynkrasien und unwesentliche Etiketteregeln verursacht werden, da hört man nur von Tatsachen, zwingenden Schlüssen und vernünftigen Maßstäben des Denkens.[41]

Das ist genau jener Schlachtruf, der die jungen Wissenschaftsforscher in den 1970er Jahren in die Laboratorien locken sollte, um dort aufzudecken, dass die hehre Wahrheit im Forschungsalltag unter zuweilen recht banalen Restriktionen und Randbedingungen fabriziert wird. Indem sie eine empirische Illustration seiner Thesen versuchen, werden sie unterstreichen, dass die für moderne Gesellschaften typische Hierarchie zwischen Erkenntnis und Interesse, Experten und Laien, wissenschaftlichem Wissen und lebensweltlicher Erfahrung eigentlich hinfällig ist.

Der Kampf für eine offene Gesellschaft muss daher den Kampf gegen die Hegemonie der Wissenschaft, die die Menschen auf eine einzig gültige Form des Denkens und Deutens festlegt, einschließen. Akupunktur, Rudolf Steiner, Hopi-Medizin und Kreationismus gelten Feyerabend als Vorboten des Besseren. Erst wenn die wissenschaftliche Evolutionslehre neben der christlichen Schöpfungslehre zu einer Hypothese (unter vielen) geworden ist, kann die Weltanschauung der Leute zu einer echten Wahlentscheidung werden. Wichtig ist nicht mehr, *was* die Leute wählen, sondern *dass* die Leute wählen können. Der bedingungslose Wille zur Optionensteigerung, in der die Jagd nach dem »Mehr« zum Selbstzweck wird, macht Feyerabend jedenfalls in der historischen Rückschau zum beispielhaften philosophischen Vertreter der »Multioptionsgesellschaft« (Peter Gross). Sein Credo lautet: Erst dann, wenn man die Idee eines besseren Wissens aufgegeben hat, öffnet sich der Weg in das Reich der Freiheit.

Um den Weg dorthin zu beschleunigen, plädiert Feyerabend für eine Politisierung der Wissenschaft: Um an den Rand gedrängten Wahrheiten oder Ideologien eine Chance zu verschaffen, soll die Politik aktiv in den Kampf der Ideen eingreifen. Feyerabend erinnert in diesem Zusammenhang an die erfolgreichen Bemühungen der Kommunistischen Partei in China, die traditionelle chinesische Medizin zu stärken. Auch der berüchtigte Lyssenkoismus wird als positives Beispiel der Politisierung genannt: Die Gegner des sowjetischen Agrarwissenschaftlers Trofim Lyssenko seien von einem wissenschaftlichen Dogmatismus getrieben gewesen, so dass seine Ideen ohne Stalins Hilfe keine Aussicht auf »faires Gehör« gehabt hätten.[42] Paradox genug: Der politische Angriff auf die Freiheit der Forschung wird hier im Namen totaler (epistemischer) Freiheit verteidigt. Doch in einer Hinsicht ist dieser Angriff nur folgerichtig. Denn der typisch wissenschaftliche Anspruch auf Autonomie gilt Feyerabend ohnehin als Selbstimmunisierungsstrategie der Wissenschaft, als raffinierter Freifahrtschein in die Goldminen staatlicher Subventionierung und damit als Grundlage ihrer so unbegründeten wie totalen Alleinherrschaft auf dem Feld des Geistes.

Die Rede von der (wissenschaftlichen) Wahrheit verdankt sich nach Feyerabend einem bloßen Machtanspruch. Denn es gibt nichts, was die epistemische Überlegenheit eines bestimmten Erkenntnisanspruchs begründen könnte, nicht einmal – Stichwort Multiparadigmatismus – innerhalb der Wissenschaft: anderes Ideensystem, andere

Ontologie, andere Entitäten, anderes Wissen; der wissenschaftliche Ausnahmezustand (die »revolutionäre« Phase, wie Thomas Kuhn dies nennt) wird hier zur Normalität. Emanzipativ wirkt daher nur die Gleichsetzung aller Rationalitätsformen und Erklärungsschemata. Darin besteht der Kern von Feyerabends epistemischem Populismus: Die Expertenelite ist nichts (oder nackt), das Volk ist alles. Denn es gibt kein besseres Wissen, sondern nur ein Wissen, das für die Leute passt – oder eben nicht. Legitimer Bewertungsmaßstab ist einzig und allein das ideologische Kalkül der Leute, sei es Katholizismus, Esoterik oder Faschismus. Und da es viele konkurrierende Werte und Ideologien gibt, sind alle Wissensbehauptungen gleich gut, weil sie nicht auf einer gemeinsamen Grundlage bewertet werden können. So resultiert die scharfe Kritik an den Experten in einer kritiklosen Idealisierung der Laien. Die Leute haben immer recht. »Bürgerinitiativen statt Erkenntnistheorie« lautet dann entsprechend Feyerabends Credo.[43]

Emanzipativ an dieser Kritik ist der Gedanke, dass die Wissenschaft sich nicht einfach auf die Vorherrschaft des Rationalismus verlassen, sondern ihren Überlegenheitsanspruch im konkreten Fall begründen können sollte. Die Wissenschaftler wären also dazu aufgerufen, als Erkenntniskritiker in eigener Sache aktiv zu werden, also konkret: die eigenen Erklärungen und Erkenntnisse an den Wissensansprüchen der Konkurrenz zu messen, an einer Konkurrenz, die sich nicht auf den akademischen Bereich beschränken muss. Die fundierte Auseinandersetzung mit Alternativen als Rettungsaktion für die Idee besseren Wissens – dies hätte Feyerabends Vermächtnis sein können. Allerdings ist ihm an der Rettung des Rationalismus nicht gelegen, ist er doch felsenfest davon überzeugt, dass es für die konkurrierenden, aber miteinander unvergleichbaren Weltanschauungen oder Ideensysteme keinen gemeinsamen Maßstab der Bewertung geben kann.

Feyerabends Wissenschaftskritik führt damit geradewegs in den epistemischen Tribalismus: Das Gebot der Multioptionalität in epistemischen Dingen führt zu Parallelgesellschaften und Stammesverbindungen, die sich nicht entlang ethnischer oder religiöser Kriterien strukturieren, sondern nach inkompatiblen Wirklichkeitsauffassungen. Die vollends offene Gesellschaft würde aus einer Reihe voneinander abgeschotteter Wahrheitsgemeinschaften bestehen, die mangels gemeinsamer Kommunikationsgrundlage entweder einen indifferenten Relativismus pflegen oder in unauflöslicher Feindschaft miteinander leben müssten. So blieben alle Alternativen zur Wissenschaft letztlich fruchtlos, weil sie nicht als intellektuelle Herausforderung für die jeweils andere Perspektive verstanden werden müssten.

Den Dingen eine Stimme geben

Demokratie ist ein Experiment, das scheitern kann, und Demokratie existiert eigentlich nur dann weiter, wenn man bereit ist, mehr Demokratie zu wagen. Demokratie ist und war immer ein unvollendetes Projekt. Der Kreis der Wahlberechtigten war anfangs – zum Schutz der Demokratie – stark eingeschränkt, zunächst auf die Besitzenden, später auf die (weißen) Männer. Der Kampf gegen Ausschluss bzw. Exklusion war (und ist nach wie vor) Teil des demokratischen Alltags. Die demokratischen Grundrechte mussten schrittweise, etwa in den Umbruchsjahren nach den beiden Weltkriegen, durchgesetzt und erkämpft werden. Die Frauenbewegung im frühen 20. Jahrhundert oder die Bürgerrechtsbewegung in den USA bildeten Meilensteine auf diesem Weg.

Sind wir heute am Ende dieses langen Weges zunehmender Demokratisierung angekommen? Leben wir in der besten aller Welten, weil nicht mehr nur Frauen und Besitzlose ins politische Leben einbezogen werden, sondern auch die Interessen von Kindern, Psychiatrieinsassen und Behinderten eine Rolle spielen? Wäre die Demokratie vollends verwirklicht, wenn tatsächlich alle Menschen eine Stimme bekommen haben? Nein, würde der Soziologe Bruno Latour antworten: Solange wir nicht auch die Dinge zum Sprechen bringen, werden wir keine wirkliche Demokratie haben. Denn solange die Dinge stumm sind, gelten sie als unumstößliche Tatsachen, als Fakten, die unser Weltbild bestimmen und die Politik festlegen. Wer nur den Menschen eine Stimme gibt und nicht ebenfalls den Dingen, *»begründet keine Demokratie, sondern macht sie nur jeden Tag immer unwahrscheinlicher«*.[44]

Das Projekt der politischen Demokratie bedeutete stets, die Politik als exklusive Angelegenheit der Menschen zu verstehen, also politische Relevanz auf den Kreis der Menschen zu beschränken. Die Politik bildet die (veränderbare) Welt der *Werte*; die Natur hingegen umfasste die (unveränderliche) Welt der *Tatsachen*. Diese strenge Zweiteilung der Welt zieht eine klare Arbeitsteilung nach sich: Die ihrerseits unbeeinflussbare Natur steckt für die Politik den Rahmen des Vernünftigen, des Machbaren, des Berücksichtigenswerten ab. Das Rederecht auf die Menschen, also auf den Bereich der Politik zu beschränken bedeutet von daher: die Natur bzw. die Welt der Tatsachen für objektiv zu erklären, aus dem Spiel zu nehmen – und nicht als zufällig bzw. kontingent, als menschliche Konvention zu begreifen.

Latour aber drängt darauf, die Dinge zum Sprechen zu bringen. Denn das würde bedeuten, ihren Schein der Objektivität zu zerstören, sie als Konstruktionen kenntlich zu machen und damit als veränderbar zu begreifen. Nur die Verflüssigung der Tatsachen kann zu einer echten Grundsatzdebatte darüber führen, wie wir die Welt einrichten wollen, also konkret: mit welchen Akteuren, Artefakten und Tatsachen wir zusammenleben wollen. Latours Utopie ist die große Kollektivierung, also die Überwindung der alten Dichotomie von (objektiver) Natur und (subjektiver) Politik und die einheitliche Repräsentation von Natur und Gesellschaft in einem Kollektiv. In diesem Kollektiv sind Menschen und nicht-menschliche Wesen (bzw. deren Repräsentanten) vertreten und verhandeln gewissermaßen die Bedingungen ganz neu aus, unter denen man leben will.

Die versteinerten Verhältnisse zum Tanzen bringen – dieses Ziel nimmt Latour auf epistemischer Ebene in Angriff. Sein Problem ist der Tatsachenfetischismus, nicht der Warenfetischismus. Der Mensch ist ein erniedrigtes, geknechtetes Wesen, aber nicht auf Grund ökonomischer Ausbeutung, sondern auf Grund der Herrschaft der Fakten, die ihn dazu zwingt, sein Leben unter vorgefundenen und irreversiblen Bedingungen zu führen. Indem die Wissenschaft (um-)definiert, was der Fall ist, bestimmt sie darüber, auf welcher epistemischen Grundlage wir unser Leben einzurichten haben. Den Genen, Neutronen oder Prionen ist nicht zu entkommen, wenn sie von den Genetikern und Virologen erfolgreich in der Welt platziert wurden. Wir sehen uns dann etwa dazu gezwungen, Prionen als Auslöser der BSE-Krankheit zu verstehen.

Die epistemische Versteinerung der Verhältnisse verstellt jede Chance eines grundlegenden Neuanfangs – das ist Latours Basisproblem. Die Nachgeborenen sind gezwungen, in den überlieferten Kulissen der akkumulierten Fakten zu leben. Um sie aus dem Faktengefängnis zu befreien, sollen aus den toten Dingen, die uns die Naturwissenschaften hinterlassen haben, lebendige Dinge werden. Latours romantisch anmutendes Reanimationsprogramm verdankt sich der Überzeugung, dass sich »über Tatsachen [...] *ebensogut* beraten und entscheiden (lässt) wie über Werte«.[45] Nur weil Tatsachen, diese »fest-gestellten« Dinge, keine eigene Stimme haben, können sie ihren eigentümlichen Zwangscharakter entwickeln. Sobald man sie »demokratisiert«, also über sie spricht, ihre Herstellungsgeschichte erzählt oder sie sogar grundsätzlich in Frage stellt, verlieren Tatsachen ihre Macht über den Menschen.

Latours Plädoyer für eine voraussetzungslose Öffnung der Debatte basiert auf dem landläufigen Glauben, dass die Macht (der Fakten, der Wissenschaft) stets Exklusion betreibt und damit destruktiv wirkt. Der Kampf um Teilhabe und Mitsprache erscheint daher zwangsläufig als befreiend, und diese Perspektive hatte im Kontext der großen Technik- und Umweltkonflikte, in denen immer auch um die Anerkennung alternativer Perspektiven gerungen wurde, ihre Berechtigung. Sein Lob des radikalen Dissenses verdankt sich der Gewissheit, dass der Widerspruch gegen den Status quo schon aus der richtigen Ecke kommen wird.

Latours Konzept einer radikalen Demokratie enthält den Aufruf zu einer epistemischen Revolution. Es geht nicht um ein bisschen Verbesserung hier und Veränderung dort, es geht um Fortschritt in einem riesigen Schritt, auf einmal. Das Ziel ist die Vergesellschaftung der Wissensverhältnisse. Sein »Parlament der Dinge« formuliert eine Einladung zur partizipativen Neuerschaffung der Welt. Ihm schwebt eine demokratische Abstimmung darüber vor, wer oder was zum Kollektiv gehören soll und was nicht. Das ist emanzipativ und kritisch gemeint: Dinge, Personen, Entitäten, die keinen Platz im Kollektiv haben und bislang ausgeschlossen sind, können nicht politisierend wirken, etwa jene 8000 Verkehrstoten in Frankreich, die dem mörderischen Tempo des motorisierten Individualverkehrs geopfert werden.[46]

Die partizipative Neuzusammensetzung des Kollektivs soll eine Art nachholende Politisierung bewirken: Jene, die bisher nicht zu den berücksichtigenswerten Wesenheiten zählten (wie die Verkehrstoten), bringen die gewohnte Ordnung (also die Verkehrspolitik) durcheinander. Latours feste Überzeugung lautet, dass das Kollektiv sich im Laufe der Zeit mit *ausgeschlossenen* Entitäten füllen wird. Darin spiegelt sich die historische Erfahrung zunehmender Demokratisierung in den westlichen Gesellschaften.

Es geht bei ihm an keiner Stelle um das Problem der *Exklusion*, also darum, dass im Rahmen der kollektiven Neuerschaffung der Welt möglicherweise bestimmte Dinge ausgeschlossen werden (z. B. der Klimawandel oder das Coronavirus). Latour vertraut letztlich darauf, dass die öffentliche Verhandlung über Tatsachen in rationalen Bahnen verlaufen wird. So erklärt er augenzwinkernd, dass bei der

Entscheidung über die Anwesenheit von fliegenden Untertassen in unserer Gesellschaft natürlich auch die Ufologen eingeladen sein müssen.[47] Die Botschaft dieses gezielt abwegigen Beispiels ist klar: Macht euch keine Sorgen, Leute, die Argumente der UFO-Experten werden wenig Resonanz erzeugen! Daraus spricht ein erhebliches Vertrauen in die Diskussionskultur moderner Gesellschaften. Andernfalls müsste sein Rezept einer radikalen epistemischen Demokratisierung ihm selber Angst machen.

Die Grenzen epistemischer Demokratie

Was ist von dem radikalen Demokratisierungsprogramm zu halten, das uns in diesem Kapitel beschäftigt hat?

Latours Vision, auch den Dingen eine Stimme zu geben, liest sich wie eine soziologische Konkretisierung von Feyerabends Forderung, alle Weltanschauungen als gleichberechtigt anzusehen. Denn für ihn macht sich die Anerkennung (radikal) anderer Weltanschauungen auch auf sozialer Ebene bemerkbar, nämlich in Gestalt einer neu zusammengesetzten Gesellschaft. Letztlich geht es aber in beiden Fällen darum, Demokratisierungsansprüche auf den epistemischen Bereich auszudehnen, um auf diese Weise die Exklusionswirkung des wissenschaftlichen Weltbilds problematisieren zu können. In normativer Hinsicht rekurrieren beide Ansätze auf einen anarchistischen Freiheitsbegriff. Die individuelle Freiheit kann sich nur unvermittelt verwirklichen, also in der frontalen Attacke gegen die geltende Ordnung. Diese Ordnung gilt gerade *nicht* als eine Ansammlung institutioneller Formen, innerhalb derer sich

Autonomie und Freiheit verwirklichen lassen. Sie gilt schlicht als Gegenspieler der individuellen Freiheit. Deshalb erscheinen Institutionen wie die Wissenschaft oder der Rationalismus ausschließlich als Herrschaftsorgane.

Gerade mit Blick auf die »ganz harten« Dinge (wie Naturgesetze, Bakterien, chemische Substanzen) soll die starre Faktizität der Welt aufgebrochen werden. Tatsachen sollen als versteinerte Formen erfolgreicher Plausibilisierung, als Geschichtliches, als Menschenwerk, buchstäblich als *Tat-Sachen* entmystifiziert werden. In einem geordneten Verfahren, dessen Regeln bei Latour allerdings völlig unklar bleiben, sollen wir uns den Kosmos neu zusammenbasteln. Dass man bei dieser gigantischen Aufgabe zu einem einhelligen Ergebnis finden wird, ist kaum vorstellbar. Es ist daher vielleicht nur konsequent, dass Feyerabend irgendeine Art von Ausgleich oder Vermittlung zwischen den widersprüchlichen Weltanschauungen erst gar nicht andenkt.

Wie aber sollen wir es nun mit den Tatsachen halten, ohne einem radikalen Relativismus zu folgen oder in einen fröhlichen Faktenpositivismus zurückzufallen? Zunächst: Der alte Streit um die ewig provokante Frage, ob Tatsachen soziale Konstruktionen sind und ob die Ordnung der Dinge sich ganz anders denken ließe, ist in soziologischer Hinsicht wenig aufschlussreich. Mit Blick auf die Ebene sozialer Koordination und Kooperation stellt sich viel eher die Frage, welche Tatsachen wir in welchen Kontexten als gesellschaftlich notwendige Tatsachenfiktionen verstehen wollen – und welche nicht. Es geht, mit anderen Worten, also darum, welche Art von Referenzrahmen wir für die Stabilisierung von Tatsachen zu akzeptieren bereit sind. Denn

Tatsachen, diese Konstruktionen zum Zweck eines sinnhaften Aufbaus der Welt, wirken nur solange orientierungs- und ordnungsstiftend, wie sie nicht als Konstruktionen behandelt werden. Was soll das heißen?

Fakten entstehen, wenn wir aufhören, weiter zu fragen; wenn wir Dinge – aus Gewohnheit, Faulheit oder mangels Interesse – einfach »so stehenlassen«; wenn wir von der Tatsache absehen, dass Tatsachen Konstruktionen sind, die durch einen bestimmten Referenzrahmen stabilisiert werden. Die grundsätzliche Bedeutung des Referenzrahmens für die »Feststellung« von Fakten hat Wittgenstein an der berühmten »Ente-Hase-Kippfigur« illustriert.[48] Der Witz an dieser Figur ist, dass sie uneindeutig ist und mehrere Interpretationen zulässt. Erst durch einen bestimmten Rahmen wird Faktizität erzeugt (Ente oder Hase), wobei die Eindeutigkeit dieser Faktizität (eben Ente *oder* Hase) auf deren Konstruktionscharakter verweist. Was die Dinge wirklich sind (Ente oder Hase), wird durch unsere Interpretation bestimmt. Dass wir diese Interpretationsleistung schnell verdrängen oder vergessen, begünstigt das Entstehen von Tatsachen.

Wenn beispielsweise die Arbeitssoziologie (kritisch) danach fragt, ob Frauen in der Arbeitswelt im Vergleich zu den Männern strukturell benachteiligt werden, dann akzeptiert sie von vornherein schon durch die Formulierung ihrer Fragestellung das Ergebnis eines Kategorisierungsprozesses (nämlich die Einteilung der Menschheit in zwei Geschlechter) und unterläuft gleichzeitig alle Differenzierungen der sozialwissenschaftlichen Genderdiskussion. Doch kann man eben nicht alles gleichzeitig problematisieren. Und irgendwann hört auch der überzeugteste Konstruktivist mit dem Fragen auf. Weil es gar nicht anders geht. Wo war das Milchsäureferment vor Pasteur? So lautet die berühmte Frage Latours.[49] Eine Antwort darauf kann er nur entwickeln, weil er nicht sogleich weiterfragt, ob es denn diesen Louis Pasteur wirklich gegeben hat.

Diese Vorstellung von Tatsachen lässt sich auch auf die soziale Welt übertragen. In unserer Lebenswelt treten uns viele Dinge – obzwar vom Menschen selbst geschaffen – als Symbol einer höheren Ordnung und darum autoritativ gegenüber. Indem ursprünglich menschliche Produkte (wie etwa die Lebensform Familie) über lange Zeiträume überliefert werden, erlebt der Mensch von ihm geschaffene Formen als Naturnotwendigkeit bzw. als zwingende Handlungserwartung. In diesem Sinne sind Institutionen (soziale) Tatsachen, wie natürlich ihrerseits die Idee der Tatsache auch eine Institution ist. Oder anders gesagt: Begriffe wie Natur, Institution oder Tatsache bezeichnen das Ergebnis von Verdinglichungsprozessen auf verschiedenen Ebenen. Der Begriff der Natur bildet die Summe der Tatsachen innerhalb der physischen Welt ab; der Begriff der Institution bezieht sich auf die soziale Welt und bezeichnet jene Handlungserwartungen, die uns zur zweiten Natur geworden sind; der Begriff der Tatsache schließlich bezeichnet jene kognitive Infrastruktur, die unhinterfragt bleiben muss, um unserem Erleben, Denken und Deuten ein festes Fundament zu verleihen.

Kurzum: Tatsachen aller Art bringen einerseits Begrenzungen, Limitationen und Handlungseinschränkungen mit sich. Andererseits bedeuten sie jedoch auch eine große Entlastung, weil wir dank ihrer Ordnungs- und Orientierungsleistung nicht gezwungen sind, in steter Unmittelbarkeit zu leben und in jeder Situation immer wieder neu auszuhandeln, was genau Sache ist, wer wem was zu sagen hat und auf welcher Basis man zusammenarbeitet. Wenn nichts (mehr) selbstverständlich ist, dann sind wir gezwungen, die Welt jeden Tag neu zu erfinden. Die Verfechter eines radikalen Programms epistemischer Demokratisierung übersehen diesen produktiven Charakter kognitiver Infrastrukturen, nämlich ihre Macht, soziales Handeln effektiv und berechenbar zu machen und damit Erwartungssicherheiten zu schaffen, völlig. Deshalb können sie leichten Herzens für ein Leben in der Unmittelbarkeit plädieren.

Die Forderung nach einer Demokratisierung der Demokratie begreift Demokratie als ein unabgeschlossenes Projekt und hat dafür gute historische Gründe. Die Übertragung dieses Rezepts auf den epistemischen Bereich jedoch hat Tücken. Wer darauf dringt, dass im Prinzip immer alles ganz anders sein könnte (und zwar auch die Welt der Dinge und Tatsachen), läuft leicht Gefahr, mit seinem Plädoyer für Offenheit und Toleranz in Wissensdingen auch Platz für jene zu schaffen, die mit diesen Werten selber überhaupt nichts anfangen wollen.

5. Das Elend der Kritik: Experten und Intellektuelle

2001 war das Wunderjahr der Ethik, zumindest im deutschsprachigen Raum. In diesem Jahr richtete der damalige Bundeskanzler Gerhard Schröder den Nationalen Ethikrat ein, sein österreichischer Kollege Wolfgang Schüssel berief die Bioethikkommission beim Bundeskanzleramt, und die Schweiz setzte eine Nationale Ethikkommission im Bereich Humanmedizin ein. Damals tobten öffentliche Auseinandersetzungen, etwa um Stammzellforschung, Präimplantationsdiagnostik, Keimbahnintervention und Organspende. Die überforderte Politik versuchte durch die Mobilisierung von Expertise einen Überblick zu gewinnen und in langwierigen Debatten zu tragfähigen Kompromissen zu finden. Man konnte in den offiziellen Beauftragungen dieser Gremien nachlesen, dass die Aufgabe dieser nationalen Ethikräte in unabhängiger Politikberatung und nicht etwa in der Vorwegnahme politischer Entscheidungen besteht. Dies hielt kritische Beobachter nicht davon ab, altbekannte Warnungen vor einer Expertenherrschaft zu erneuern. Es wurde gemunkelt, dass alle Macht jetzt den Räten zufalle und eine Entparlamentarisierung der Politik zu erwarten sei.[50]

Diese Expertenkritik war das ferne Echo eines Schlachtrufs, der schon das Heraufdämmern der Wissensgesellschaft begleitet hatte: Ob die wissenschaftlich-technische Intelligenz die neue tonangebende Klasse sei, hatte die Gemüter bereits in den 1970er Jahren erregt.[51] Zu einem abschließenden Ergebnis kamen die soziologischen Erörterungen nicht, doch ihr kapitalismuskritischer Impuls trug dazu bei, das Bedrohungsgefühl wachzuhalten. So wurden und werden die Experten auch weiterhin als Teil des Establishments attackiert, als Repräsentanten einer Elite der (Besser-)Wissenden, die angeblich von der Hinterbühne aus steuert, was sich auf der Vorderbühne der Gesellschaft – in Politik und Parlamenten, der Öffentlichkeit und den Medien – abspielt. Wer überlegenes, gesichertes Wissen für sich reklamiert, gilt heute oft allein deshalb schon als Feind der Demokratie. Und das ist auch nachvollziehbar, denn woran soll sich in der Wissensgesellschaft eine Kritik festmachen, die implizit dem überkommenen Muster marxistischer Kapitalismuskritik folgt, wenn nicht am Experten?

Feindbild Experte

Die Angst vor der Allmacht der Wissenden bildet nur die Kehrseite der Faszination, die das Wissen auf die jeweilige Gesellschaft ausübt. Weil man dem Wissen alles zutraut, kommt es auch als Quelle allen Übels in Betracht. Diese Angst bekommen die Experten zu spüren. Sie liefern darum ein beliebtes Feindbild in der Wissensgesellschaft, ein Feindbild, das von der politischen Linken wie von der Rechten gleichermaßen gepflegt wird. In der Wissenschaft wird diese Expertenkritik eindrucksvoll von den Science and Technology Studies (STS) vertreten, einem soziologisch dominierten Forschungsfeld, das sich den Verstrickungen von Wissenschaft, Technik und Gesellschaft widmet.

Es waren nicht zuletzt kanonisch gewordene Studien aus den STS, die sich zum Anker und Ausgangspunkt der Expertenkritik mauserten.[52] Steven Epstein hatte in einer gründlichen empirischen Arbeit die kalifornischen Aids-Aktivisten als maßgebliche Forschungsakteure porträtiert. Tatsächlich hatten diese im Rahmen klinischer Versuchsreihen durchgesetzt, dass HIV-Kranken auch experimentelle, noch nicht zugelassene Medikamente verabreicht wurden. Bei aller Begeisterung für diese »von unten« angestoßenen Innovationen wurde freilich übersehen, dass letztlich alle wesentlichen Entscheidungen (von der Formulierung der Fragestellung bis hin zur Festlegung von Forschungsdesign und Methoden) von den Experten getroffen wurden. In einer ähnlich ausgerichteten Studie wurde am Beispiel der Muskeldystrophie gezeigt, wie Eltern von betroffenen Kindern die Kooperation mit der Medizin suchen, um anwendungsorientierte Forschung zur Verbesserung der Lebensqualität dieser Kinder anzustoßen und nicht nur die genetische Grundlagenforschung zur Erklärung der Krankheit voranzutreiben. In dieser Koproduktion von Forschungszielen agierten die hochinformierten Eltern allerdings eher als Experten denn als Laien. In einer anderen klassischen Studie hatte Alan Irwin mit Blick auf den Einsatz von Herbiziden in der Landwirtschaft argumentiert, dass die Risikoeinschätzung der Experten auf vereinfachenden Modellen beruhte, die nicht die realen Praktiken im Feld ins Kalkül ziehen. Nur die Feldarbeiter selbst verfügten über die notwendige Erfahrung, so schlussfolgerte er, um die Blindflecken einer rein wissenschaftlichen Risikoabschätzung sichtbar machen zu können.

Diese schulbildende Kritik an Experten, die im großen Stil ab den 1990er Jahren einsetzte, erhielt wesentlichen Schwung durch die berühmten Laborstudien.[53] Die Laborstudien leben bis heute von dem Nimbus, die epistemische Überlegenheit der Naturwissenschaften wirkungsvoll attackiert zu haben. Tatsächlich haben die Sozialwissenschaftler mit Hilfe ihrer ethnographischen Methoden damals wohl eher einen selbstgeschaffenen Mythos zerstört, nämlich dass die Naturwissenschaften eine höhere Wahrheit und Rationalität für sich beanspruchen können. Daher war die Einsicht, dass Fakten und Wahrheiten doch stets in einem bestimmten sozialen Umfeld im Wortsinne hergestellt werden, eine aufregende Neuigkeit – und schien bald jenen politischen Kräften in die Hände zu spielen, die die These vom Klimawandel mit dem lässigen Verweis auf die soziale Konstruktion von Fakten attackierten.[54]

Wie auch immer: Die innerhalb der STS tradierte Expertenkritik konnte nur deshalb überzeugen, weil eine plakative Kritik der Macht im Vordergrund stand – Überreste einer überkommenen Kapitalismuskritik hatte man auf das epistemische Feld übertragen, und die Unterscheidung zwischen Experte und Laie wurde politisch aufgeladen. Von nun an schien Expertenkritik als solche eine fortschrittliche Sache zu sein. Man ergriff vorbehaltlos Partei für die Underdogs und gegen die vermeintlichen Herrscher in der Wissensgesellschaft – ungeachtet der Frage, welche Rolle die Experten im Einzelfall tatsächlich spielten und welchen Einfluss sie tatsächlich hatten. Die »Kritik der Leute« und (fast) alle Formen von Gegenexpertise wurden idealisiert.[55] So erhielt die in der Soziologie typische Suche (oder Sucht) nach dem »revolutionären Subjekt«, die nach dem Ausfall der Arbeiterbewegung lange Zeit zu einer tristen Angelegenheit geworden war, ein neues Gesicht und neue Hoffnung, die da lautete: *Demokratisierung von Expertise.*

Das Elend dieser Expertenkritik besteht darin, dass sie die Protagonisten aktueller Wissenskonflikte in den Kulissen einer überkommenen Gesellschaftsformation auftreten lässt. Die Hauptsorge gilt daher dem epistemischen Feudalismus in Gestalt unkontrollierter Expertenmacht. Richtig ist, dass der Experte eine gewisse Nähe zur Macht hat. Doch die Politik muss den Experten in Wissensfragen gewähren lassen, denn nur seine Unabhängigkeit gewährleistet legitimatorischen Nutzen für die Politik. Das heißt: Das Wissen ist der Macht dienlich, doch weder sind die Mächtigen die Wissenden, noch haben die Wissenden die Macht inne. Die Experten haben keine Entscheidungsbefugnis, doch mittels ihrer Definitionsmacht können sie Einfluss auf Entscheidungsprozesse nehmen. Die Politik wiederum darf die Ergebnisse der Expertenberatungen nicht vorwegnehmen, hat jedoch Einfluss auf die Fragestellungen bzw. das Problem-Framing.

Die Institutionalisierung dieses eigentümlichen Spannungsverhältnisses von Nähe und Distanz ist nur in einer modernen Gesellschaft vorstellbar, deren Stabilisierungsmodus der Logik funktionaler Differenzierung folgt. Funktionale Differenzierung aber bedeutet, dass die Einheit der Gesellschaft in der Verschiedenheit ihrer miteinander inkompatiblen Teilsysteme besteht, die für die Gesellschaft jeweils eine spezifische Funktion übernehmen (wie etwa Politik, Recht, Wirtschaft oder Wissenschaft). Eine Superrepräsentation der Gesellschaft – etwa in Gestalt des Experten – ist nicht möglich. Denn es existiert nicht mehr so etwas wie eine überlegene Rationalität, die alle Gesellschaftsbereiche steuern könnte. Die Politik folgt eben einer anderen Rationalität (Macht) als die Wissenschaft (Wahrheit). Doch steigert das die Abhängigkeiten zwischen beiden Bereichen nur. Andernfalls gäbe es die Sozialfigur des Experten gar nicht. Anders als der Forscher, der sich im Labor um die Produktion neuen Wissens bemüht, lebt der Experte von der Vermittlung dieses Wissens in wissenschaftsfremde Bereiche, allen voran in die Politik. Auf diese Weise formt das Expertenwissen den Rahmen der politischen Debatte bzw. errichtet die für die Debatte notwendige kognitive Infrastruktur. Damit ist natürlich ein gewisser Machtzuwachs verbunden, doch dieser Machtzuwachs der Experten beruht letztlich darauf, dass ihr jeweiliger Expertise-Radius extrem beschränkt ist. Mit anderen Worten: Machtgewinn realisiert sich durch Machtbeschränkung.

Post-Wahrheit: ein Triumph der Demokratie?

Die Angst vor der politischen Macht der Experten hat die Forderung nach einer Demokratisierung von Expertise angeheizt. Unter dieser Demokratisierung ist dabei in aller Regel nicht einfach der aufgeklärte Umgang mit Expertise seitens selbstbewusster Laien, sondern vielmehr eine prinzipielle Gleichwertigkeit divergierender Wissensformen und Weltbilder gemeint. Damit verbindet sich eine radikale Abkehr von der Idee besseren Wissens. Eine Postfaktizität oder *Post-Wahrheit*, wie sie im Feuilleton thematisiert wurde, gilt in dieser Perspektive als Ausdruck erfolgreicher Demokratisierung. Denn jede Form radikaler Wissenschaftskritik – und sei es in Gestalt des Kreationismus oder der *Flat-Earth*-Bewegung – erscheint wie ein Hoffnungsschimmer am vom Rationalismus verdunkelten Horizont.

Diese Position vertritt der Wissenschaftssoziologe Steve Fuller.[56] Für ihn bedeutet der Begriff der Post-Wahrheit etwas Positives, nämlich eine radikalisierte Form der postnormalen Konstellation im Kuhn'schen Sinne. Thomas Kuhn hatte in seiner Untersuchung über wissenschaftliche Revolutionen mit dem Wechsel zwischen den langen Phasen der Normalwissenschaft und den kurzen Phasen wissenschaftlicher Revolutionen erklärt, wie die Wissenschaft mit unlösbaren Problemen umgeht, ohne ihre epistemische Autorität zu gefährden.[57] Wenn die Physik neue Einsichten (etwa jene Einsteins) als revolutionär anerkennt, rüstet sie in der Folge all ihre Forschung auf ein neues Paradigma um. Ein Paradigma bildet also eine Art normative Instanz, die die Forschungsbemühungen einer bestimmten Disziplin wie Eisenpfeile in einem Magnetfeld ausrichtet, indem es darüber bestimmt, welche Entitäten existent sind, welche Fragen als produktiv, welche Informationen als relevant und welche Methoden als zielführend gelten. Hat sich ein neues Paradigma etabliert, tritt die Disziplin gestärkt und vereint in die nächste Phase der Normalwissenschaft ein.

Fuller nun interpretiert die postfaktische als eine postnormale Konstellation, in der sich nicht einfach nur die Überwindung eines wissenschaftlichen Paradigmas, sondern vielmehr die Entzauberung der Wissenschaft im Ganzen ereignet. Denn erst in jüngerer Zeit ist eben nicht nur das Wissen, sondern auch das hinter dem Wissen stehende Weltbild zum Gegenstand erbitterter Auseinandersetzungen geworden, etwa im Zusammenhang mit der Lehre vom Intelligent Design, einer verwissenschaftlichen Form des Kreationismus, die über weite Strecken in krassem Gegensatz zu den Erkenntnissen der Evolutionsbiologie steht.

Diese Lehre versteht Fuller als Hoffnungsträger, dem es gelingen soll, ein wissenschaftlich verengtes Rationalitätskonzept zu überwinden und damit Demokratisierung im Reich des Geistes zu ermöglichen.[58] Ein wirklich selbstbestimmter, demokratischer Umgang mit der Wissenschaft besteht seiner Ansicht nach darin, selektiv und nach Maßgabe eigener Interessen auf die Erkenntnisangebote der Wissenschaft zurückzugreifen, ohne dabei unbedingt deren Referenzrahmen teilen zu müssen. Das kann etwa bedeuten, dass man wissenschaftliche Expertise dafür erwirbt oder nutzt, um das eigene esoterische Weltbild besser und glaubwürdiger verteidigen zu können. Hauptsache, die Laien bewerten die Evidenz der Expertenaussagen selbst, auf welcher Grundlage auch immer; Hauptsache, es wirkt authentisch.

Aufschlussreich an Fullers Darstellung ist seine konsequente Frontstellung gegen den munter moralisierenden Mainstream-Diskurs über Postfaktizität. Er freut sich über alle, die sich, um ihre Erkenntnisansprüche zu verteidigen, nicht unmittelbar in die Wahr-/Falsch-Logik der Wissenschaft hineinbegeben, sondern ganz grundsätzlich deren Spielregeln hinterfragen. Wir leben nach Fuller also nicht erst seit Trump und dem Brexit im Zeitalter der Postfaktizität, sondern vielmehr seitdem ernstzunehmende Gegenstimmen inner- und außerhalb der Wissenschaft die Regeln der Wissenschaft bzw. ihr Weltbild herausfordern. Denn die Wissenschaft, davon ist der Soziologe überzeugt, reflektiert ihre Spielregeln gar nicht und stellt sich auch nie grundsätzlich selbst in Frage. Doch er ist überzeugt davon, dass die wissenschaftliche Wahrheit sich nicht höherer Einsicht verdankt, sondern einem strategischen Spiel, in dem letztlich Korpsgeist und die kritiklose Übernahme von Konventionen über den Erfolg entscheiden.

Problematisch an Fullers Erzählung ist, dass sie nicht differenziert: Indem er die Wissenschaftsgeschichte als Kampf zwischen (regelkonformen, strukturkonservativen) Experten und den (nonkonformistischen) Gegenexperten erzählt, stilisiert er antirationalistische Strömungen buchstäblich jeder Form zu verdienstvollen Widerstandsbewegungen. So entsteht eine große Koalition der Kritiker des Rationalismus, und zwar ohne Rücksicht darauf, ob diese Kritiker für wissenschaftliche Argumente überhaupt noch erreichbar sind oder nicht. Unterschiede zwischen dem radikalen Konstruktivismus und den Twitter-Lügen Trumps fallen da kaum noch ins Gewicht. In Fullers Erzählung sitzen alle im selben Boot und versuchen mit vereinten Kräften, sich gegen die reißende Strömung eines platten Positivismus stromaufwärts zu kämpfen. Auf solche Weise verklärt er die postfaktische Konstellation zum Triumph der Demokratie:

> Die Geringschätzung etablierter Autoritäten im Zuge der Post-Wahrheit wird durch die konzeptionelle Offenheit gegenüber Menschen und Ideen, die zuvor ignoriert worden sind, aufgewogen. [...] In dieser Hinsicht markiert die postfaktische Konstellation einen Triumph der Demokratie über elitären Dünkel.[59]

Fullers Weigerung, rivalisierende Wissensformen und -ansprüche zu bewerten und zu hierarchisieren, wirkt sympathisch und bescheiden, begründet jedoch nur eine Art epistemischer Identitätspolitik von links: Allein die bloße

Existenz alternativer Weltbilder soll deren Anerkennung erzwingen. Denn die auf einem spezifischen Weltbild basierenden Wissensansprüche sind von den Bewohnern der anderen Wirklichkeiten nicht zu kritisieren, und zwar zum einen, weil es der Respekt vor der fremden Epistemologie gebietet. Zum anderen sind die jeweiligen Realitätskonstruktionen miteinander unvereinbar und können daher gar keine Grundlage mehr für einen Streit liefern. Politisch gesehen folgt aus dieser Argumentation eine wechselseitige Indifferenz anstelle offener Konflikte. Für eine lebendige Demokratie ist das kein gutes Rezept.

Die Geburt des Intellektuellen aus der Krise der Experten

Experten und Intellektuelle repräsentieren in der modernen Gesellschaft die zentralen Exponenten besseren Wissens. In historischer Perspektive wird deutlich, wie eng diese beiden Sozialfiguren zusammenhängen: Die Geburt der Intellektuellen vollzieht sich vor dem Hintergrund einer veritablen Expertenkrise. Was damit gemeint ist, wird klar, wenn wir uns die (kurze) Geschichte der Intellektuellen vergegenwärtigen.

Der Begriff »Intellektueller« ist erstmals nachgewiesen bei Henri Saint-Simon in seinem Buch *Du système industriel* aus dem Jahr 1821. Darin unterscheidet der Frühsoziologe *intellectuels* und *intellectuels positifs* als zwei Gruppen der »produktiven Klasse«. Die ›normalen‹ Intellektuellen sind die alten Schichten, bestehend aus Adel, Klerus, Juristen und müßigen Eigentümern. Die progressiven Intellektuellen verkörpern das Neue; sie haben die Fähigkeit, gegen Vorurteile anzukämpfen und gemeinsam mit den Industriellen das alte Regime abzulösen. Zu diesen progressiven Intellektuellen rechnet Saint-Simon nicht – wie es unserer Vorstellung eher entsprechen würde – Philosophen, Soziologen und Literaten, sondern Geometriker, Physiker und Chemiker, weil deren exaktes Wissen das Allgemeininteresse der Nation fördere.[60]

Seine moderne Semantik erhält der Begriff des Intellektuellen allerdings erst im Zuge der Dreyfus-Affäre. Auch wenn es zuvor – gemäß der Art ihres Engagements – Intellektuelle wie zum Beispiel Voltaire gegeben haben mag: Erst hier konstituierte sich der Intellektuelle als kollektive Sozialfigur.[61] Zur Erinnerung: Hauptmann Alfred Dreyfus war 1894 in Frankreich wegen Landesverrats von einem Militärgericht zu lebenslanger Haft und Verbannung verurteilt worden. Man warf ihm vor, Geheimdokumente an das deutsche Kaiserreich verraten zu haben. Im Kern ging es um ein Begleitschreiben (*bordereau*), das auf sensible Informationen über französische Militärgeheimnisse schließen ließ. Eine als Putzfrau verkleidete Agentin hatte die handschriftliche Mitteilung aus dem Abfalleimer des deutschen Militärattachés in Paris herausgefischt. Aus dem Inhalt des Schreibens zog man den Schluss, dass nur ein Artillerieoffizier und Absolvent der *École supérieure de guerre* über entsprechende Informationen verfügen könne. Beides traf auf Dreyfus zu, außerdem war er Jude und Elsässer, Tatsachen, auf die antisemitische, nationalistische und klerikale Kräfte gerne anspielten.

Die Verurteilung von Dreyfus basierte auf zweifelhaften Gutachten einer ganzen Reihe von Schriftexperten sowie auf schlicht gefälschten Unterlagen. Bald weitete sich der Justizirrtum zu einem Skandal aus, der ganz Frankreich erschütterte. Höchste militärische Kreise wollten anscheinend die Rehabilitierung Dreyfus' ebenso verhindern wie die Verurteilung des tatsächlichen Verräters, eines Major Esterhazy. Die Bevölkerung wurde durch kirchliche, regierende und antisemitische Kräfte aufgehetzt, während Menschen, die Dreyfus beiseite stehen wollten, ihrerseits durch Verurteilung, Bedrohung oder Ausschluss aus der Armee ruhiggestellt wurden. In diesem Hexenkessel bewies Émile Zola besonderen Mut, als er 1898 einen öffentlichen Brief an den französischen Staatspräsidenten mit der berühmten Titelzeile richtete: »J'accuse…!« (›Ich klage an…!‹). Unmittelbar darauf floh Zola nach London, um einer Haftstrafe zu entgehen.

Aus dem *Fall* Dreyfus wird deshalb die *Affäre* Dreyfus, weil Zolas Deutung unter Berufung auf universalistische Prinzipien abstrahiert. Er macht deutlich, dass es in dieser Angelegenheit nicht einfach nur um einen (zu Unrecht) Verurteilten geht, der durch die Wiederaufnahme des Verfahrens rehabilitiert gehört. Vielmehr hat dieser Fall für Zola überindividuelle Bedeutung, ja ist eine politische Frage ersten Ranges, weil hier Prinzipien mit Anspruch auf allgemeine Gültigkeit zur Diskussion stehen. Mit seiner Intervention wandelt Zola den individuellen Fall in einen grundsätzlichen Wertekonflikt um. Er initiiert eine grundlegende Debatte über Gerechtigkeit, Wahrheit und Moral, in der sich bald zwei Lager, die *Dreyfusards* und die *Antidreyfusards*, gegenüberstehen. Erstere werden in beleidigender Absicht als »Intellektuelle« charakterisiert, in diesem konkreten Zusammenhang also: als sachlich inkompetente und politisch verantwortungslose Aufrührer, die mit ihrem Engagement den nationalen Interessen schaden. Die *Dreyfusards* übernahmen diese Kampfvokabel und versuchten sie im Sinne ihres politischen Selbstverständnisses als Anwälte von Gerechtigkeit und Gleichheit vor dem Gesetz umzudeuten. Dieser Kampf um die Deutungsmacht wurde in Frankreich spätestens mit der Rehabilitierung von Alfred Dreyfus im Jahr 1906 entschieden.

Der Wissenschaftshistoriker Caspar Hirschi hat den Dreyfus-Prozess als Schlacht zwischen Experten und Gegenexperten rekonstruiert, in der sich alle an der für sie letztlich unlösbaren Aufgabe abarbeiten, mit letzter Gewissheit zu sagen, wer das verräterische Schreiben verfasst habe. Die Geburtsstunde des Intellektuellen erscheint auf diese Weise als eine Folge der unabsichtlichen Selbstinfragestellung der Experten.[62] Weil sich die Handschriftexperten fortwährend widersprechen und an keiner Stelle des langwierigen Strafprozesses zu überzeugenden, sinngleichen Ergebnissen gelangen, habe sich, so Hirschi, ein Interventionsspielraum für den auf moralische Autorität setzenden Intellektuellen ergeben: Der unüberwindliche Expertendissens eröffnet einen Spielraum für moralisierende Intellektuellenkritik. Die ursprüngliche Frage nach dem wahren Wissen (Wer hat das Begleitschreiben verfasst?) kann Zola in Richtung eines Wertediskurses transzendieren (Welche Vorurteile sind im Spiel?). Die offensichtliche Glaubwürdigkeitskrise der Experten wird zur Legitimationsgrundlage für eine Moralisierung durch den Intellektuellen. Die Moral, die universellen Werte stellen das Terrain des Intellektuellen aus. Wäre es bei einem Wissenskonflikt geblieben, hätte Zola als Intellektueller keine Chance gehabt, einzugreifen. Denn auf welche Expertise hätte er, der Romancier, verweisen sollen? Erst zu dem Zeitpunkt, als die Experten öffentlichkeitswirksam vorgeführt hatten, dass sie mit ihrem Latein am Ende sind, schlug die Stunde des Intellektuellen.

Intellektuelle, die Opfer der Wissensgesellschaft

Die Geschichte der Intellektuellen ist eine Geschichte von Nachrufen auf die Intellektuellen. Ende der 1920er Jahre, als Karl Mannheim die »sozial freischwebende Intelligenz« als personifizierte Chance auf besseres, nämlich über allen Parteien und Interessen stehendes Wissen identifizierte, stimmte Julien Benda einen ersten Abgesang auf den Intellektuellen an. Mit Blick auf die politische Konstellation eines Zeitalters der Extreme verstand er den unbedingten Willen der Intellektuellen zum klaren politischen Bekenntnis als selbstzerstörerisch. Das Engagement für Mussolinis Faschismus oder die Sowjetunion galt ihm als Verrat an den universalistischen Werten, für die der Intellektuelle eigentlich einzutreten hat.[63]

Lewis Coser diagnostizierte bald darauf ebenfalls das Ende des kritischen Intellektuellen auf Grund übermäßiger Bürokratisierung der Universitäten und zunehmend spezialisierter Fachkulturen.[64] Gerade heute erweist es sich als schwere Bürde, dass der bedeutendste institutionelle Ort der Intellektuellen nach wie vor die Universität ist. Die zunehmende Zersplitterung der Wissenschaft in Disziplinen und Subdisziplinen, der wenig subtile Zwang zum akademischen Unternehmertum vor dem Hintergrund einer

Finanzierung der Forschung über Drittmittel, die bürokratischen Zwänge der Selbstverwaltung, die Metrifizierung der Wissenschaft sowie eine auf Standardisierung und Ranking basierende Reputations- und Anerkennungspolitik bringen den Intellektuellen heute (aber nun wirklich endgültig!) zum Verschwinden.[65] Sollte diese Diagnose tatsächlich zutreffen, hätten wir es heute in der Universität nicht länger mit Intellektuellen zu tun, sondern mit ängstlichen, jargonbesessenen Karrieristen, die von Leistungsvereinbarungen gequält und von Evaluierungsgremien vor sich hergetrieben werden: Wir treffen auf den normalen Professor in unserer W-Besoldungsära.

Die Glanzzeiten der Intellektuellen waren jene Phasen, in denen sie eindeutig Partei ergreifen konnten, weil sie erst gar nicht mehr im Detail begründen mussten, dass das Recht und die Wahrheit auf Seiten einer bestimmten (diskriminierten, unterdrückten) Gruppe stehen. Genau genommen bedeutet dies, dass es letztlich der gesellschaftliche Wertekonsens ist, der der Kritik der Intellektuellen ihren Stachel verleiht.

Den engen Zusammenhang zwischen hegemonialem Wertekanon und legitimer Intellektuellenkritik hat niemand schärfer herausgearbeitet als Rainer Lepsius. Der Intellektuelle, so Lepsius, kritisiert nicht konkretes, institutionalisiertes Verhalten (dafür würde ihm die Kompetenz auch schnell abgesprochen), sondern er kritisiert mit Bezug auf Werte, über deren Gültigkeit als Leitbild sozialen Handelns in der Gesellschaft Konsens besteht. Die Legitimität der (notwendigerweise) inkompetenten Intellektuellenkritik hängt vom Geltungsstatus jener allgemeinen Werte ab, deren Realisierung der Intellektuelle einmahnt.[66] Mit anderen Worten: Noch die bissigste Kritik, die sich selbst in einem unversöhnlichen Gegensatz zur Gesellschaft wähnt, muss sich letztlich auf den gesellschaftlichen Wertekonsens verlassen. Man könnte sagen: Der Intellektuelle ist mit seiner Kritik in der Gesellschaft gut aufgehoben. Denn die Kritik durch Intellektuelle muss sich noch bei allergrößtem Dissens auf das gemeinsam Geteilte berufen (etwa elementare Menschen- und bürgerliche Freiheitsrechte). Nur auf diese Weise kann die Kritik sozial anschlussfähig werden.

Im Umkehrschluss darf man davon ausgehen: Je fragmentierter die Gesellschaft und je vielfältiger und konfliktreicher der gesellschaftliche Wertekanon ist, desto größer wird der Detaillierungszwang für Intellektuelle. Die Intellektuellen sehen sich dann in gesteigertem Maße gezwungen, für ihre Anklagen unter Rekurs auf entsprechendes Expertenwissen zu argumentieren, um den konkreten Streitgegenstand auf nachvollziehbare und überzeugende Weise mit den entsprechenden gesellschaftlichen Basiswerten zu verknüpfen. Es ist dann in erster Linie das Wissen, das die Kritik sozial anschlussfähig macht.

In der Finanzkrise von 2008 wurden endlose Berechnungen darüber angestellt, auf welche Weise eine weltweite Wirtschaftsdepression zu vermeiden ist und wie die Banken besser kontrolliert werden können. Doch es gab kaum ernsthafte Appelle zur Zerschlagung der Banken und keine Aufrufe, diese Krise revolutionär zuzuspitzen, jedenfalls nicht von Seiten der Intellektuellen. Auch die Klimakrise wird kaum als Zeichen für das nahe Ende jenes globalen Kapitalismus verstanden, der Raubbau an der Natur betreibt. Anstelle plakativer Systemkritik erleben wir aufwendige Berechnungen zur globalen Klimaerwärmung und zähe Verhandlungen über transnationale Regelwerke zur Eindämmung der CO_2-Emmissionen. Noch ein Beispiel: Militärische Interventionen der westlichen Staatengemeinschaft in Syrien, Afghanistan oder gegen den »Islamischen Staat« geschehen nicht in dem glücklichen Bewusstsein, endgültig das Böse aus der Welt zu tilgen, sondern vielmehr mit dem schlechten Gewissen, auf Kosten vieler Unschuldiger eine labile Zwischenlösung zu schaffen, die allenfalls dadurch gerechtfertigt ist, das Allerschlimmste zu verhindern. In diesen ›postheroischen‹ Einsätzen werden humanitäre, politische und kulturelle Kollateralschäden einberechnet, es werden Alternativen erwogen, es wird so lange wie möglich abgewartet und erst dann, wenn es nicht mehr anders zu gehen scheint, interveniert.

In diesem Sinne agierte die deutsche Bundeskanzlerin Merkel auf dem Höhepunkt der Flüchtlingskrise im Sommer 2015 eindeutig als Intellektuelle (»Wir schaffen das!«). Schließlich erklärte sie noch vor aller Analyse, was gut und daher moralisch geboten sei. Ihr offensiver Rekurs auf Moral versinnbildlicht, dass es um Unverfügbares geht, also nicht durch Berechnung zu Suspendierendes. Andere waren sich da nicht so sicher und forderten eine Flüchtlingspolitik, die die Grenzen der Integrationsfähigkeit ins Kalkül zieht. Es geht dabei gar nicht darum, wer letztlich Recht hatte. Entscheidend ist für uns vielmehr die Tatsache, dass in diesem Fall der moralische Appell der Kanzlerin einem sachlichen Begründungszwang ausgesetzt wurde, der aus dem gesellschaftlichen Dissens resultierte. Der oder die Intellektuelle sieht sich, mit anderen Worten, im Kontext offen konkurrierender Werte dazu gezwungen, für seine Position zu argumentieren, und das heißt im Regelfall: für die Verteidigung der eigenen Position auf gute Gründe und auf Spezialwissen zu rekurrieren. Dies legt die Vermutung nahe, dass in der Wissensgesellschaft dem Intellektuellen die Stunde längst geschlagen hat.

6. Der Aufstand der Ignoranten

Als Lyotard in den ausgehenden 1970er Jahren die postmoderne Konstellation skizzierte, ging es ihm in erster Linie um den veränderten Status des Wissens in den höchstentwickelten Gesellschaften. Seine Diagnose lautete, dass sich die alten Prinzipien der Welterklärung wie Wahrheit, Fortschritt und Emanzipation, jene einst machtvollen Narrative, längst verbraucht hätten. Im Gegenzug stimmte Lyotard sein Lob der Differenz an: Ein neuer Geist der Wissenschaft, der von der Anerkennung des Uneindeutigen und Unentscheidbaren getragen sei, befähige uns, »das Inkommensurable zu ertragen«.[67]

Mittlerweile ist uns das »Inkommensurable« etwas unheimlich geworden. Der Boom der Verschwörungstheorien (wie zuletzt in der Coronakrise) und die zunehmende Sichtbarkeit von Gegen- und Pseudoexperten (wie im Klimastreit) machen deutlich, dass wir uns die postmoderne Haltung der Indifferenz oder Ironie heute eigentlich nicht mehr leisten können. Wir müssen uns vielmehr fragen, wie man sich mit Leuten auseinandersetzen soll, für die Fake News, Populismus und Verschwörungstheorien attraktiv sind, also mit Leuten, deren Protest ein ganz und gar anders geartetes, eben »inkommensurables« Weltbild anzeigt. Wie die zähen Kontroversen um eine aktive Klimapolitik oder eine Impfpflicht zeigen, intervenieren allerhand Leute mit Verve in diese Wissenskonflikte, ohne sich ernsthaft um das Verständnis wissenschaftlicher Einsichten und Evidenzen zu bemühen. Die Ignoranz, so scheint es, ist auf dem Vormarsch.

Heute ist darum oft von einer *postfaktischen Konstella-*

tion die Rede. Damit kann natürlich nicht gemeint sein, dass wir uns seit kurzem aus einem Zeitalter gelöst hätten, in dem allein die Wahrheit regiert habe. Gemeint ist vielmehr, dass sich sowohl politische Akteure als auch Teile der Bevölkerung in ihren Ansichten und Entscheidungen hemmungslos von eigenen Vorurteilen, Interessen und Emotionen und nicht von Tatsachen, Vernunft und Expertenurteilen leiten lassen. Allerdings scheint die Annahme wenig plausibel zu sein, dass die Politik generell eine Abneigung gegen Wissenschaft und Experten pflegt. Dies wird schon mit Blick auf die eingangs beschriebenen Wissenskonflikte deutlich (siehe Kapitel 2). Und in Hinblick auf den zivilgesellschaftlichen Widerstand gegen die Wissenschaft sind vor allem jene Strömungen interessant und einflussreich, die sich nicht kategorisch allen Ansprüchen an rationale Begründung entziehen, sondern mit einigem Erfolg wenigstens so tun, als verfügten sie über einschlägiges Fachwissen.

Die breite Bewegung der Klimawandelleugner, der Kreationismus oder auch selbsternannte Coronaexperten, so die hier vertretene These, versinnbildlichen eine für die Wissensgesellschaft typische und erwartbare Fundamentalkritik. Gemeinsam führen sie so etwas wie einen ideologischen Feldzug gegen die Kolonialisierung der Gesellschaft durch die Wissenschaft. Dieser Feldzug richtet sich gegen die Festlegungen und Sachzwänge, die sich infolge wissenschaftlicher Erkenntnisse bzw. eines weitreichenden Expertenkonsenses für die Politik und letztlich für jede(n) Einzelne(n) ergeben.

Mit dem *science denialism*, so der englische Ausdruck, ist in jüngerer Zeit eine globale Bewegung entstanden, die weithin anerkannte wissenschaftliche Erkenntnisse fundamental in Frage stellt. Man argumentiert dafür, dass der Klimawandel ein wissenschaftlicher Mythos ist, dass Aids nichts mit HIV zu tun hat oder dass SARS-COV-2 nur ein harmloses Grippevirus ist. In den Vereinigten Staaten hat die Leugnung gesicherten Wissens extreme Formen angenommen, doch die Skepsis gegenüber dem wissenschaftlich Erwiesenen ist längst auch hierzulande verbreitet. In seiner jährlichen repräsentativen Umfrage hat der gemeinnützige Verein Wissenschaft im Dialog im Jahr 2017 festgestellt, dass jeder vierte Deutsche Zweifel an der Evolutionstheorie hat oder sie sogar ablehnt. Beinahe jeder Dritte glaubt, dass Impfungen Kindern Schaden zufügen, oder ist zumindest unsicher, ob Impfungen hilfreich sind.[68]

Science denial ist deshalb seinerseits ein problematischer Begriff, weil er falsche Assoziationen auslöst. Eine wörtliche Übersetzung ins Deutsche ist schwierig. Der Begriff der ›Tatsachenleugnung‹ bezieht sich auf historische, gut dokumentierte Ereignisse, für deren Anerkennung kein spezielles Vertrauen in die Wissenschaft notwendig ist. Beispiele sind der Holocaust, die Mondlandung oder die Terroranschläge vom 11. September 2001. Üblicherweise dienen Verschwörungstheorien dazu, diese Tatsachen zu leugnen.

Spricht man hingegen von ›Wissenschaftsleugnung‹, so unterstellt man, dass die Existenz von Wissenschaft bestritten wird oder dass es um einen offenen Krieg gegen die Wissenschaft geht. Doch muss das gar nicht unbedingt der

Fall sein, denn Klimaleugner argumentieren oftmals mit Rekurs auf den wissenschaftlichen Diskurs (wenn auch meist auf Randpositionen), ähnlich wie die Gegner der grünen Gentechnik (die in den USA anders als hierzulande ebenfalls dem Leugnertum zugerechnet werden) oder Vertreter des Intelligent Design. Letztere wollen nicht glauben, dass ein so komplexes und sinnreiches Phänomen wie das Leben Resultat eines zufallsgesteuerten, unintelligenten Prozesses aus Variation und Selektion sein kann und verbeißen sich daher in Inkonsistenzen der Evolutionstheorie, die auch innerhalb der Evolutionsbiologen kontrovers behandelt werden. Und wissenschaftlich ambitionierte Klimawandelleugner wirken manchmal sogar an der wissenschaftlichen Wissensproduktion mit (siehe Kapitel 7).

Um diese breit aufgestellte Bewegung angemessen zu bezeichnen, sollte man also am ehesten von Wissens- oder Konsensleugnern sprechen. Schließlich geht es ihnen darum, gesichertes wissenschaftliches Wissen bzw. weitreichenden Expertenkonsens in Frage zu stellen und systematisch Zweifel zu säen, um politisch unerwünschte Praktiken zu verhindern.

Im Rahmen ihrer Wissenspolitik berufen sich die Konsensleugner oft genug auf renommierte Wissenschaftler (wie den Virologen Peter Duesberg in der Aids-Kontroverse), auf wissenschaftlich ausgewiesene Gegenexperten (wie Patrick Michaels und Fred Singer im Klimastreit) oder auf ›geniale‹, aber von der ›Expertenelite‹ marginalisierte Außenseiter (wie den Kinderarzt Andrew Wakefield im Fall der Impfkontroverse). Man hinterfragt die Evidenzansprüche der Mainstream-Wissenschaft, weist auf Inkonsistenzen hin oder stellt jene Methoden und Theorien in

Frage, die man zur Interpretation der Ergebnisse braucht. Man fragt, ob auch wirklich alle relevanten Gruppen im Prozess der Wissensgenerierung gehört wurden und ob das gegebene Maß an Übereinstimmung zwischen den Experten gleichbedeutend mit Konsens ist. Existiert dieser Konsens tatsächlich, wird er sogleich als Ausdruck einer »Wagenburgmentalität« attackiert. Daran schließt sich zuweilen die Forderung an, dass eine fakten- bzw. evidenzbasierte Wissenschaft ohne Spekulationen notwendig sei.

Weitreichender Expertenkonsens wird als gefährlicher, politisch motivierter Angriff auf die Vernunft (oder den gesunden Menschenverstand) gebrandmarkt, und daraus folgt unmittelbar, dass unbedingt mehr und bessere Forschung notwendig sei. Auf diese Weise wird die Gegenseite dazu eingeladen, den politischen Streit als (sich zunehmend verhärtende) Wissenskontroverse fortzuführen – ohne Aussicht auf eine zeitnahe Einigung, denn es bleibt unklar, ob die Einwände konstruktiv gemeint sind und auf die Verbesserung des Wissens abzielen oder nur Teil einer Verzögerungstaktik sind.

So vereint die Leugnerbewegung der Glaube daran, für die Wahrheit zu kämpfen und einen legitimen Befreiungskampf gegen die Herrschaft der Elite zu führen. Diese gegenaufklärerische Graswurzelbewegung ist verschworen in ihrem Glauben an eine Verschwörung der Besserwisser, begleitet den raschen Aufstieg des politischen Populismus und heizt Debatten um Postfaktizität und »alternative Fakten« an. Wer überlegenes, gesichertes Wissen für sich reklamiert, gilt in diesen Kreisen oftmals nicht als seriöser Wissenschaftler, sondern als Feind der Demokratie.

Die epistemische Leugnerbewegung könnte man als gut

organisierten Skeptizismus bezeichnen. Eine unheilige Allianz aus Gegenexperten, mächtigen Industrieinteressen, konservativen *think tanks* (wie dem Heartland Institute, dem Cato Institute und dem Marshall Institute in den USA oder The Institute of Public Affairs in Australien) und dem Murdoch-Imperium bildet die Achse einer regelrechten »Leugnungsmaschinerie«.[69] In den USA arbeitet eine überschaubare Zahl von Organisationen daran, wissenschaftlich gut belegte, aber politisch unliebsame Zusammenhänge (z. B. zwischen Rauchen und Krebs oder zwischen Fluorkohlenwasserstoffen und dem Rückgang der Ozonschicht) in Zweifel zu ziehen.[70]

Die weitläufige Gemeinschaft der Konsensleugner stellt damit eine Form unerwünschter Partizipation dar und wird von der Wissenschaft im besten Fall als unproduktive Einmischung in ihre eigenen Belange gesehen, wenn nicht gar als purer Amoklauf gegen den Rationalismus. Die Wissensleugner erscheinen auf diese Weise als eine thematisch bunte, aber ideologisch uniforme Bewegung, die blind ist für Daten und wissenschaftliche Erfolge.

Im Gegensatz zu dieser populären Lesart gehen die folgenden Ausführungen davon aus, dass diese Bewegung durchaus etwas über die Schattenseiten der Wissensgesellschaft verrät. Ohne solches im Geringsten zu wollen, informiert die Leugnerbewegung über die Risiken, die mit dem Versuch einer weitreichenden Versachlichung der Politik verbunden sind, spielt sie doch immer dann eine Rolle, wenn politische Probleme vor allem als Fragen von Wissen, Expertise und Kompetenz angesehen und ausgehandelt werden. Außerdem erinnert die Leugnerbewegung daran, dass die Verwissenschaftlichung der Welt erhebliche Zumutungen für das moderne menschliche Selbstverständnis bereithält. Man sollte *science denial* also durchaus als ernstgemeinte und ernstzunehmende Kritik verstehen, als eine plakative Reaktion auf die Wiederverrätselung der Welt im Zuge des wissenschaftlichen Fortschritts.

Die Wiederverrätselung der Welt durch die Wissenschaft

Moderne Wissenschaft ist empirische Wissenschaft. Die Erfahrung steht bei dieser rationalen Form der Welterschließung im Mittelpunkt. Als Bestätigung der Wahrheit gilt ihr das, was man sehen, anfassen, was man im wörtlichen Sinne »be-greifen« kann. Die moderne Wissenschaft operiert gewissermaßen wie der ungläubige Thomas im Neuen Testament: Dieser Apostel glaubte erst an die Auferstehung Jesu, als er selbst die Wundmale seines Herrn gesehen und berührt hatte. Doch alle Wertschätzung für das Empirische kann nicht kaschieren, dass das Verhältnis der Wissenschaft zur Erfahrung zwiespältig ist.

In seinem Theaterstück *Leben des Galilei* hat Bertolt Brecht diese Ambivalenz treffend in Szene gesetzt. Gleich zu Beginn des Stücks befindet sich der große italienische Naturforscher in angeregter Unterhaltung mit Andrea, dem zehnjährigen Sohn seiner Haushälterin. Der Junge, von Galilei mit den Grundsätzen des Kopernikanischen Weltbilds vertraut gemacht, wendet gegen seinen Lehrer ein: »Aber ich sehe doch, daß die Sonne abends woanders hält als morgens. Da kann sie doch nicht stillstehen! Nie und nimmer.« Woraufhin ihn der große Meister zusammenputzt: »Du siehst! Was siehst du? Du siehst gar nichts. Du glotzt nur. Glotzen ist nicht sehen.«[71]

Brecht führt uns hier die schlichte Tatsache vor Augen, dass die empirische Wissenschaft keineswegs alle Formen der Erfahrung gleichermaßen wertschätzt. Im Gegenteil: Die Wissenschaft betreibt die Aufwertung methodisch kontrollierter, theoretisch informierter und grundsätzlich skeptischer Erfahrung um den Preis der Abwertung alltäglicher, unmittelbarer Erfahrung. Die unmittelbare Erfahrung wird unter dem Eindruck der hochauflösenden Analysefähigkeit der modernen Wissenschaft zur bloßen Anschauung, wie es bald heißen wird. Oder um es mit Sherlock Holmes zu sagen: »Nicht sehen, Watson, beobachten!«

Im Zuge der wissenschaftlichen Revolution etabliert sich das Maschinenmodell der Natur. Damit wird die Natur mit Hilfe von Astronomie und Physik interpretierbar, allerdings um den Preis zunehmender Erfahrungsferne. Dass Dinge »heiß« sind, entspricht zwar unserer Erfahrung, doch Hitze ist keine Eigenschaft der Materie. Die wissenschaftlichen Erklärungen rekurrieren auf Mikromechanismen (Hitze als Zusammenstoß winziger Teilchen) oder Makrostrukturen (Gezeiten als Folge der Erdrotation), die als solche grundsätzlich nicht vom Menschen beobachtet werden können. Unsere Sinne geben uns nicht mehr verlässlich Auskunft darüber, wie die Welt beschaffen ist. Zwar sehen wir die Sonne jeden Tag im Westen untergehen, aber wir korrigieren uns insgeheim sogleich, weil wir dank der Naturwissenschaften um die Unzulänglichkeit unserer »primären« Anschauung wissen.

Die empirische Wissenschaft entwertet jedoch nicht nur die unmittelbare Erfahrung, sondern letztlich die Welt der

Dinge selbst. Denn die empirische Forschung baut sich eine eigene Welt der Dinge im Labor auf, die nur noch nach Maßgabe der jeweiligen Theoriestandards als Miniaturabbildung der Realität gelten kann. Die Objekte, mit denen die Wissenschaft umgeht, bleiben den Menschen verborgen, und im Zuge fortschreitender Technisierung werden selbst für den experimentellen Forscher die Dinge fremd und rätselhaft, wie Hans Blumenberg anmerkt:

> Je mehr eine wissenschaftliche Disziplin dem ›Ideal‹ exakter Empirie sich annähert, um so ausschließlicher arbeitet sie an Präparaten und Meßdaten, die sie von der Zufälligkeit der Erscheinung ihrer Gegenstände unabhängig machen. Unter dem Mikroskop des Pathologen liegt nicht der Kranke, den er nicht zu sehen bekommt. [...] Wie mancher Mathematiker nicht mehr rechnen, kann mancher Astronom die alten Sternbilder nicht mehr zeigen. Für ihn hat das Objekt Positionsdaten, die in den Steuerungscomputer des Instruments eingegeben werden – was sich dann meldet, ist es.[72]

Die fortschreitende Entzauberung der Welt durch die Wissenschaft resultiert in einer Wiederverrätselung der Welt durch Komplexitätssteigerung. Unter der ordnenden und analysierenden Kraft der Wissenschaft werden die Dinge und Zusammenhänge abstrakt, opak und kontraintuitiv.

Besonders anschaulich wird die Unanschaulichkeit der modernen Wissenschaft in der subatomaren Welt. Die Effekte der Quantenmechanik lassen sich exakt berechnen, doch kaum mehr bildlich vorstellen; sie entziehen sich unserer Intuition, weil wir keine »Quanten«-Sinne haben.

Zwar ist die Welt der Wissenschaft intelligibel, doch kann sie nur ein kleiner Elitezirkel noch verstehen. Es sind darum bald nicht mehr nur die Laien, die gegen die Zumutungen der modernen Wissenschaft revoltieren, sondern auch die Eingeweihten und Experten selbst. Zum bevorzugten Austragungsort dieser Expertenrevolte wird die Physik, und zwar zu einer Zeit, als Relativitätstheorie und Quantenmechanik das klassische Weltbild der Physik auf den Kopf stellen.

In den Abwehrkämpfen gegen Einsteins Relativitätstheorie sammelte sich in den 1920er und 1930er Jahren eine Bewegung des Antirelativismus, darunter vormals angesehene Physiker, Nobelpreisträger und überzeugte Antisemiten wie Philipp Lenard und Johannes Stark.[73] Einsteins Theorie wurde von seinen Gegnern zu Recht als Angriff auf bewährte Intuitionen und Denkgewohnheiten verstanden. Ihre komplexe Mathematik und ihre extreme Abstraktheit galten den Antirelativisten als unnatürlich für eine physikalische Theorie – und natürlich als Beleg für das unselige Wirken eines analytisch-»zersetzenden«, abstrakt-intellektualistischen, also ›typisch jüdischen‹ Geistes. Konsequenterweise versuchten Stark und Lenard denn auch im Gegenzug eine »deutsche Physik« zu etablieren, die aber nicht einmal zu Nazi-Zeiten Einfluss gewinnen konnte.

Die aktuelle Leugnerbewegung führt diesen Abwehrkampf gegen die Zumutungen der modernen Wissenschaft fort. In ideologischer Form werden Kränkungen und Verlusterfahrungen thematisiert, die durch den abstrakten, standardisierenden, messwertgetriebenen Blick der Wissenschaft verursacht worden sind. Eingeklagt wird deshalb die Berücksichtigung des »Faktors Mensch«, sei es im Versuch der Aufwertung primärer Anschauung (*Flat-Earth*-Bewegung), in Konzentration auf den Einzelfall (Impfkontroverse) oder im Beharren auf eine metaphysische Behausung des Menschen im Rahmen einer mythisierten Natur (Kreationismus).

Die große Enträtselungsoffensive

Die aktuelle Leugnerbewegung könnte man als Enträtselungsoffensive »von unten« bezeichnen, und zwar in dem Sinne, dass diese Bewegung in der Mehrzahl von einfachen Leuten getragen wird, auch wenn Akademiker und in einigen Fällen sogar aktive Wissenschaftler zu ihren Unterstützern zählen. Enträtselung meint in unserem Zusammenhang: Parteinahme für das Konkrete, Anschauliche, für die unmittelbare, vielleicht sogar unteilbare Erfahrung. Dem Fetisch von Logik und Zahl wird der Rekurs auf das Subjektive und Anekdotische als gleichberechtigte Form der Wahrheitsbehauptung entgegengesetzt – etwa von fundamentalistischen Impfgegnern, die gegen gesichertes Expertenwissen mit der Suggestivität anekdotischer Evidenz ankämpfen, oder den Mitgliedern der *Flat-Earth*-Bewegung, die sich lieber auf den Augenschein als auf die Astrophysik verlassen.

Die vielfältige Bewegung der Wissens- oder Konsensleugner verkörpert also einen Aufstand gegen das rationalistische Weltbild. Es geht letztlich gegen die Zwänge einer wissenschaftlich sanktionierten (Selbst-)Wahrnehmung des Menschen und damit gegen die Reformation der Welt durch die Wissenschaft. Der Verdacht der Wissensleugner lautet, dass uns das wissenschaftliche Weltbild von jenen einfachen Wahrheiten wegführt, die unserer Anschauung (die Erde ist flach) oder einer ehrwürdigen Überlieferung (Heilige Schrift) entsprechen.

Das Unbehagen der Leugnerbewegung rührt also aus dem Zwangscharakter wissenschaftlicher Tatsachen: Tatsächlich können wir unser Weltbild nicht mehr frei wählen, wenn das Kopernikanische Modell erst einmal als Tatsache gilt – selbst dann, wenn wir jeden Tag die Sonne auf- und untergehen sehen. Wir können nicht mehr frei wählen, mit welchen Dingen und Elementen wir zusammenleben wollen, wenn die Wissenschaft für uns unsichtbare Teilchen wie Prionen, Neutrinos und Coronaviren als existent erklärt hat. Wir müssen und dürfen uns um Kausalitäten nicht mehr kümmern, wenn die Virologie HIV als Auslöser von Aids oder Prionen als Ursache für Rinderwahn bestimmt hat.

In krassem Kontrast zu einer Wissenschaft, die stets Differenzierungen vornimmt und damit alles immer noch komplizierter macht, nimmt die Bewegung der Wissensleugner Partei für das Einfache, Konkrete und Anschauliche. Manche ihrer »Alternativtheorien«, wie z. B. der Kreationismus, gehen davon aus, dass sich alles Weltgeschehen dem Bewirken-Wollen handelnder Akteure verdankt. Auf diese Weise operiert man in der absolutistischen Logik des traditionalen Weltbildes, derzufolge alles Geschehen auf das intentionale Bewirken eines realen oder transzendentalen Subjekts zurückgeführt werden kann.[74] Der unbewegte Allesbeweger: Das war früher einmal Gott, heute ist es Bill Gates – jedenfalls in den Augen all jener, die fest daran glauben, dass der Milliardär die Coronakrise ausnutzt, um mit weltweiten Impfprogrammen viel Geld zu verdienen. An dieser Stelle wird besonders gut deutlich, wie schmal der Grat zwischen Wissensleugnung im Dienst der Komplexitätsreduktion und handfester Verschwörungstheorie ist.

Aus der Perspektive ihrer fundamentalistischen Kritiker stellt die wissenschaftliche Vernunft die Welt auf den Kopf; man muss sie also vom Kopf auf die Beine stellen. Das aber geht nur, wenn man der eigenen Anschauung und individuellen Meinung den Vorzug gibt. Die Leute sollen ihr Weltbild endlich frei wählen dürfen, also ohne Rücksicht auf Logik, Fakten und wissenschaftliches Wissen.

Der Kampf gegen Wissenschaft und Experten lässt sich auf diese Weise als ein Kampf gegen Festlegungen verstehen, die nicht selbst gewählt wurden. Denn solche Festlegungen müssen dem individualisierten, modernen Menschen, der heute verstärkt als selbstverantwortlicher Gestalter seines eigenen Schicksals, als Selbstunternehmer oder Ich-AG angerufen wird, als eine dreiste Zumutung erscheinen. So ist der Kampf gegen die Fakten nicht zuletzt auch ein Kampf um Autonomie. Aus dieser Warte erscheint *science denial* als eine Kritik, die insofern auf der Höhe der Zeit ist, als sie ihre Plausibilität aus den gegenwärtigen Subjektivierungsbedingungen bezieht. Im Protest gegen etabliertes Wissen entlädt sich die enttäuschte Hoffnung des hochindividualisierten, aktivierten Subjekts auf volle Souveränität und eine vollends durchschaubare, entscheidungsoffene Welt.

In der Wissensgesellschaft werden viele politische Konflikte als Auseinandersetzungen um das richtige Wissen ausgetragen (siehe Kapitel 2). Wissenschaftliche Expertise stellt die zentrale Ressource dar, wenn es etwa um die Bewältigung der Klimakrise geht, um den Einsatz von Pestiziden in der Landwirtschaft (Glyphosat), um Grenzwerte der Feinstaubbelastung, um Risiken elektromagnetischer Felder (5G-Netz) oder um die Frage der richtigen Ernährung. Gestritten wird dann in erster Linie um die Zuverlässigkeit von Daten, die Glaubwürdigkeit von Szenarien und Modellen oder die Stichhaltigkeit von Grenzwerten und Kennzahlen – auch wenn eigentlich miteinander rivalisierende Werte und Interessen auf dem Spiel stehen. Wer also an solchen politischen Konflikten ernsthaft teilhaben will, muss über ziemlich profundes Wissen verfügen. Für den jedoch, der es nicht schafft (oder gar nicht daran interessiert ist), die eigene normative Position durch den Rekurs auf Expertenwissen abzustützen, wird es eng. Ein Ausweg besteht offensichtlich darin, gegen die etablierte Faktenwelt zu opponieren. Politisch motivierter Protest konzentriert sich damit auf die »Sachfrage«, ob die wissenschaftlichen Fakten denn nicht Fake seien.

Dies ließ sich auch im Zuge der Coronakrise beobachten: Auf Grund des hohen Verwissenschaftlichungsdrucks entlud sich mancherorts der Wille zur Fundamentalopposition in der Verbreitung »alternativer Fakten«. Anlässlich der sogenannten Hygienedemos, die ab Ende März 2020 eine Zeitlang auf dem Rosa-Luxemburg-Platz in Berlin stattfanden, war auf handgemalten Transparenten beispielsweise zu lesen, dass Covid-19 nicht gefährlicher sei als eine normale Grippe oder dass es das Coronavirus gar nicht gebe. Gegner der 5G-Technologie sahen in den Funkmasten die eigentlichen Auslöser der Pandemie; Impfgegner interpretierten die Coronakrise als politisches Komplott, um der Bevölkerung die Idee von Zwangsimpfungen plausibel zu machen. Und so weiter und so fort.

Die größere Sichtbarkeit von Verschwörungstheorien und das Aufblühen der Fake-News-Kultur im Zuge der Coronakrise lassen sich als ideologische Reaktionen auf eine Politik verstehen, die im Einvernehmen mit Epidemiologie und Virologie handelte und sich daher im Rahmen eines Wissenskonflikts nicht wirkungsvoll attackieren ließ. So waren die Proteste nicht nur gegen die Politik und ihre Maßnahmen gerichtet, sondern wiesen immer auch eine antiwissenschaftliche Schlagseite auf: Es ging gegen eine (vermeintlich) autoritative Instanz, die mittels überlegener Rationalität festzulegen beanspruchte, was real, was rational und politisch geboten ist. Aus Perspektive dieses Protests konnte politische Emanzipation nur eine Emanzipation von den Fakten sein. *Alternative* Fakten haben ganz offensichtlich Konjunktur, wenn Politik (auf Grund ihrer Übereinstimmung mit der Wissenschaft) als *alternativlos* erscheint.

Der Aufstand der Wissensleugner lässt sich in Summe als verdeckter Appell verstehen, der sich gegen eine (drohende) Kolonisierung der Politik durch den Expertenkonsens richtet, und zwar unabhängig davon, wie sinnvoll die Expertenempfehlungen im Einzelfall auch sein mögen. Tatsächlich hat die Politik im Kontext erfolgreich durchgesetzter Wissensansprüche der Wissenschaft zumeist nur mehr einen geringen Handlungsspielraum.

Schon Hannah Arendt hat auf den grundlegenden Widerspruch zwischen Wahrheit und Politik hingewiesen. Zwar wird die Wahrheit von der Politik als Argumentations- und Legitimationsressource geschätzt und geschützt (zumindest in liberalen Demokratien). Doch gleichzeitig hat die Politik auch Angst vor der Wahrheit, denn von der Wahrheit geht eine Zwangswirkung aus, der sich die Politik nicht entziehen kann. Die Wahrheit, so Arendt, trage »ein Moment des Zwangs in sich«; vom »Standpunkt der Politik aus gesehen, hat die Wahrheit einen despotischen Charakter«.[75]

Wahrheit hat einen despotischen Charakter, denn sie muss auf nichts und niemanden Rücksicht nehmen, wenn sie akzeptiert ist. Sie muss abweichende Meinungen nicht zur Kenntnis nehmen, weil Meinungen als persönlich gefärbte Gedanken und daher geradezu als Gegenstück zur Wahrheit gelten. Nachdem Wahrheitsansprüche erfolgreich durchgesetzt worden sind, ist die Diskussion bis auf weiteres beendet. Das bessere Wissen (oder was als besseres Wissen gilt) erzeugt unmittelbare Handlungszwänge für die Politik.

Im Klimabereich wird dieser Zusammenhang derzeit am besten sichtbar: Der zähe Kampf um die Frage, ob es in der Beschreibung und Interpretation der globalen Erwärmung einen soliden Expertenkonsens gibt, erklärt sich nur durch die gemeinsame Erwartung aller Konfliktparteien, dass die Politik dem Expertenwissen folgen muss, sofern sie nicht grundlegende Werte und Erwartungen an die Politik (z. B. die Minimierung ökologischer und gesundheitlicher Gefahren) in Frage stellen will.

Der Bewegung der Leugner geht es natürlich nicht um

die Bestätigung der Thesen von Hannah Arendt, sondern viel eher um die Verhinderung einer progressiven Politik, im Fall von Corona nicht anders als im Klimabereich. Aus Angst davor, dass weitreichender Expertenkonsens die Politik zu Regulierungen und Restriktionen veranlasst, die einem nicht passen, fahndet man nach Uneindeutigkeiten, Unvollkommenheiten und Widersprüchen im Expertenwissen und wertet diese als Systemversagen. Gleichzeitig hofft man auf die wissenschaftliche Absolution politischer Abwarte- und Abstinenzstrategien durch willfährige Gegen- oder Pseudoexperten. Auch die Wissenspolitik der Leugnerbewegung ist also ganz offensichtlich von der Vorstellung geleitet, dass die Politik der Autorität des Expertenkonsenses unbedingt folgen werden muss. Ansonsten bliebe der Eifer, mit der gerade im Klimabereich um die richtige Interpretation von Daten, Modellen und Simulationen gestritten wird, unerklärlich.

Dennoch: Ohne dies im Mindesten zu wollen, verweist die faktenscheue Fundamentalopposition auf ein grundlegendes Problem, nämlich dass die Macht des (wissenschaftlichen) Wissens eine Politik der Alternativlosigkeit unterstützen kann. Und selbst dann, wenn die Politik auf diese Option verzichtet, erhöht sich in jedem Fall der Druck auf alle Beteiligten, eigene Werte und Interessen als Ausdruck objektiven, besseren Wissens darzustellen. Auf solche Weise steigt die Chance, dass politische Konflikte als wissenschaftsähnlicher Disput ausgetragen werden.

Mit Blick auf die Folgeprobleme dieser Versachlichung wäre wohl eine (Re-)Politisierung politischer Konflikte zu fordern. Das bedeutet natürlich nicht, dass man in politischen Streitfragen auf wissenschaftliche Expertise grundsätzlich verzichten sollte – das wäre Irrsinn. Es geht jedoch um die Einsicht, dass Politik und Wissenschaft voneinander getrennte Sphären sind: So wenig sich wissenschaftliche Wahrheit nach der Mehrheitsmeinung richtet, so wenig ist es Aufgabe der Politik, die Wahrheit zu vollstrecken. In der Politik geht es in erster Linie darum, ein breites Spektrum an Meinungen und Betroffenheiten zu berücksichtigen. Auf diese Weise kommt man in der Politik zu Positionen, die nicht beanspruchen können, wahr zu sein, die jedoch ein gewisses Maß an Gemeinsinn repräsentieren und dadurch mit Zustimmung rechnen können. Mehr geht nicht. Oder anders ausgedrückt: Politisch rationale Entscheidungen lassen sich nicht durch ausschließlichen Rekurs auf wissenschaftliches Wissen garantieren.

7. Eine abschließende Kritik der Epistemokratie

Im Jahr 2007 startete in den USA eine einzigartige Initiative aus den Reihen der Klimawandelleugner: Mit Hilfe von Bürgerwissenschaft (*citizen science*) im ganz großen Maßstab wollte man die wissenschaftliche Gewissheit der globalen Erwärmung nachhaltig erschüttern. Zu diesem Zweck sollten die teilhabenden Bürger fotografisch all jene Faktoren dokumentieren, die geeignet waren, die Messwerte jener 1221 Stationen, an denen quer durch die USA die Oberflächentemperatur gemessen wird, zu verzerren (sei es, weil sich Sensoren in der Mitte großer Asphaltflächen befinden oder Klimaanlagen direkt neben dem Thermometer platziert sind). Ziel war es, den Einfluss dieser Verzerrungsfaktoren auf die Berechnung globaler Temperaturtrends abzuschätzen. Das National Climatic Data Center und das Goddard Institute of Space Flight der NASA – die zentralen Sammler, Analysatoren und Modellierer von Klimadaten – hätten sich für die Qualität ihrer Daten nie wirklich interessiert, so der Vorwurf der Initiatoren (www.surfacestations.org). Mit fast schon wissenschaftssoziologischer Neugier ging man darum der Frage nach, wie denn eigentlich Messwerte produziert werden.

Auslöser für diese ganzen Mühen war ein Artikel im *Journal of Geophysical Research*, der auf ungelöste Probleme bei der Nutzung von Oberflächentemperaturtrends als Kennzahl für die Bewertung des Klimawandels hingewiesen hatte.[76] In Reaktion darauf initiierte der ehemalige TV-Wetterkommentator und bekannte Blogger Anthony

Watts mit finanzieller Hilfe des Heartland Institute den großen Bürger-Run auf die Messstationen. Über 80 Prozent aller Messstationen wurden untersucht und dokumentiert. Die Auswertung der im Rahmen dieses partizipativen Wissenschaftsprojekts gesammelten Daten durch zwei Forschergruppen – eine davon unterstützt durch Watts selbst – ergaben allerdings keine für die Klimaskeptiker interessanten Befunde.[77] Es zeigte sich vielmehr, dass die Standortwahl auf die Trends der Durchschnittstemperaturen keinen signifikanten Einfluss hatte. Daher mag es nicht verwundern, dass die Webseite seit 2012 nicht mehr aktualisiert worden ist und heute nur noch dokumentarischen Charakter hat.

Diese schöne Geschichte kann man als eindrucksvollen Beleg dafür werten, dass das Gerede von einer Krise der Experten überzogen ist.[78] Denn der Versuch, die Wissenschaft mit ihren eigenen Mitteln zu schlagen, ist gründlich fehlgeschlagen und hat letztlich nur die Zuverlässigkeit ihrer Methoden und Erkenntnisse bestätigt. Und selbst dann, wenn die Skeptiker mit ihrer Mission Erfolg gehabt hätten und sie die Signifikanz verzerrter Messwerte für die These der Klimaerwärmung hätten belegen können: Was wäre denn dann gewesen? Auch dies hätte letztlich nur die Autorität der Wissenschaft unterstrichen. Auf diese Weise wäre nämlich der Wert präziser Messungen und – grundlegender noch – die Bedeutung wissenschaftlicher Klimabeobachtungen für eine verantwortliche Politik bestätigt worden.

In all jenen Konflikten, in denen um ökologische oder gesundheitliche Risiken, um Grenzwerte, Kausalitäten und Wirkungsgrade gestritten wird, konzentriert sich die Energie der Kontrahenten auf die Mobilisierung von Expertise, und viele jener Akteure, die (manchmal vorschnell) dem *science denialism* zugerechnet werden, operieren mit wissenschaftlichen Methoden und Argumenten. Die Klimaskeptiker bieten das beste Beispiel dafür. Auf diese Weise wird der Kampf um politische Hegemonie als Streit um das bessere Wissen ausgetragen. Was lässt sich daraus schließen?

Auch und gerade in der postfaktischen Konstellation verfügt die Wissenschaft über erhebliche Autorität, denn die maßgeblichen Schlachten um richtige oder vernünftige Politik werden auf ihrem Terrain geschlagen. Das allerdings muss nichts Gutes für die Gesellschaft heißen, denn es ist nicht ausgeschlossen, dass die Politik wichtige Entscheidungen gerade deshalb verpasst, weil sie auf den Sieg der rationalen Wissenschaft vertraut. Schließlich ist das Format des Wissenskonflikts dazu geeignet, die Wissenschaft in eine endlose Kette von Stellungskriegen und Abnutzungsgefechten zu verwickeln. Das kann den Sieg des besseren Wissens vielleicht nicht verhindern, doch ziemlich lange hinauszögern. Umgekehrt kann freilich auch die allgemeine Überzeugung, längst über ausreichende Evidenz zu verfügen, eine demokratiepolitisch bedenkliche Notstandsrhetorik ankurbeln.

Dies lässt sich besonders im Klimabereich beobachten: Teilweise wird hier der politische Druck mit ausdrücklichem Verweis auf einschlägige Expertise erhöht. Die außerordentliche Situation, so hört man, erfordere besondere Maßnahmen und erlaube nicht mehr, sich den Luxus zu leisten, auf demokratische Weise Mehrheiten zu organisieren. Vielleicht quälen manche Klimaaktivisten auch Zweifel, eigene Vorhaben auf demokratische Weise durchzubringen. Doch kann selbst ein wissenschaftlich einwandfrei zertifizierter Klimanotstand das Aufweichen demokratischer Grundsätze rechtfertigen?

Indessen hat auch eine demokratisch unbedenkliche Wissenspolitik ihre Tücken. Denn es ist keineswegs ausgemacht, dass besseres Wissen automatisch zu einer richtigen oder besseren Politik führt. Man kann trotz zutreffender Expertise falsche Politik betreiben. So hatte 1995 eine von Greenpeace ausgelöste Protestwelle die Betreiberfirma Shell dazu gebracht, den in der Nordsee schwimmenden Öltank namens Brent Spar an Land zu entsorgen, obwohl deren Versenkung – wie unabhängige Expertengruppen im Nachhinein bestätigten – ökologisch unbedenklicher gewesen wäre, wie es die vom Ölkonzern beauftragten Studien schon im Vorfeld prognostiziert hatten.[79]

Man kann aber auch trotz einschlägiger Faktenleugnung durchaus verantwortungsvolle Politik betreiben. In der Öl- und Republikanerhochburg Texas zum Beispiel sind in den letzten Jahren alternative Energien aus ökonomischen Gründen so stark gefördert worden, dass mittlerweile ein Fünftel des Energiebedarfs durch Windenergie gedeckt wird.[80]

Doch trotz all dieser Einsichten und Warnhinweise wird in vielen Konflikten vor allem in Wissenskategorien gestritten. Das (bessere) Wissen gilt offenbar als härtere Währung als die weichen Werte oder partikularen Interessen. Vielleicht spricht daraus auch der uneingestandene Wunsch nach einer Partikularisierung von Konflikten: Umwelt- und Technikkonflikte sollen Technikkonflikte bleiben und sich nicht zu politischen Grundsatzkonflikten auswachsen.

Die Epistemisierung politischer Streitfragen, also die Vorstellung, dass eine vernünftige und verantwortungsvolle Politik allein auf Grundlage überlegenen wissenschaftlichen Wissens möglich ist, macht einen der zentralen, in diesem Band problematisierten Aspekte unserer Wissensgesellschaft aus. So unentbehrlich wissenschaftliche Expertise in vielen Fällen ist: Wer die für alle sozialen Konflikte maßgeblichen Werte- und Interessendivergenzen nicht wahrnimmt, wird nicht einmal die Logik von Wissenskonflikten verstehen. Schließlich werden in diesen Konflikten auf Grund der Macht des Wissens (und der Autorität der Wissenschaft als neutrale Instanz) oftmals normative Überzeugungen in epistemischen Kategorien um- bzw. reformuliert.

Im Streit um Nanotechnologie, Dieselfahrverbote oder 5G-Technologie sind mikrobiologische und epidemiologische Gutachten über potentielle Gesundheitsgefahren die wichtigsten Trümpfe – nicht aber der Rekurs auf Emotionen, bloße Ängste, partikulare Interessen oder kategorische Wertstandpunkte. So wandelt sich der politische Konflikt zu einem Wettrennen um die bessere oder allgemein als überlegen anerkannte Expertise, und es geht vorrangig um die Zuverlässigkeit der Daten und die Glaubwürdigkeit der Experten. Widerspruch kann sich in diesen Kontroversen nur noch über die Mobilisierung alternativer Expertise legitimieren. Daraus ergibt sich für all jene Gruppen, die mit diesem Verwissenschaftlichungsanspruch nicht umgehen können oder wollen, die Versuchung, ihre eigenwilligen Positionen durch Rekurs auf ein Wissen zu legitimieren, das noch esoterischer ist als jenes der Wissenschaft – also »alternative Fakten« oder Verschwörungstheorien.

Beispiele dafür finden sich im Klimastreit ebenso wie in der Impfdebatte oder auch in der Coronakrise.

So ist es nicht überraschend, dass in Deutschland im Frühjahr 2020 Zehntausende gegen die angebliche ›Coronalüge‹ auf die Straße gingen. Der Unmut gegen die restriktiven politischen Maßnahmen fand in teilweise abstrusen Theorien über den Ursprung und die politische Funktion des Virus (den Impfzwang durchsetzen!) seine epistemische Ausdrucksform. Auf diese Weise bestätigt sogar noch ein Dissens, der sich selbst als radikal begreift, die Macht des Wissens. Verschwörungstheorien und das Leugnen offensichtlicher Tatsachen sind aus dieser Perspektive nichts anderes als aussichtslose Versuche, mit viel Energie – aber ohne entsprechende epistemische Ressourcen – in Wissenskonflikte zu intervenieren.

Der zweite, in diesem Buch problematisierte Aspekt war die Epistemisierung der Gesellschaftskritik, also die Konjunktur einer Kritik, die sich nicht an den Produktions- oder Herrschaftsverhältnissen, sondern primär an den Wissensverhältnissen festmacht. Mit dieser Gesellschaftskritik (in radikaler Form: Feyerabend, raffinierter: Latour) verbindet sich die Vorstellung, dass die moderne Freiheitsidee nur dann vollständig verwirklicht worden ist, wenn wir uns die Welt aus freien Stücken zusammenbasteln können, wenn wir also frei darüber entscheiden dürfen, mit welchen Elementarteilchen und Gesetzmäßigkeiten, mit welchen Fakten und Artefakten wir zusammenleben wollen. Hinter der Vision einer komplett neu zu schaffenden Gesellschaft steht letztlich eine anarchistische Freiheitsidee: Ihr zufolge realisiert sich Freiheit weniger in Form der partizipativen Weiterentwicklung denn in Form der Zerschlagung und des kompletten Neuaufbaus der vorgefundenen Ordnung.

Man bekommt leicht den Eindruck, dass sich die Soziologie mit dieser Kritik der Wissensverhältnisse ein Ersatzfeld für ihren revolutionären Eifer sucht, weil zentrale Bereiche der Gesellschaft – insbesondere die Ökonomie – sich gegenüber fortgesetzten Demokratisierungsbemühungen immun erwiesen haben. Kurzum, die Alternativlosigkeit des Kapitalismus scheint radikale Alternativen attraktiv zu machen, die gegen die reale Härte der bestehenden Ordnung opponieren, ihre Kritik aber auf die epistemische Ebene beschränken. So äußert sich der Anspruch auf Autonomie in einer Herrschaftskritik, die sich nicht auf die sozialen Verhältnisse bezieht, sondern auf die Ordnung des Wissens.

Diese Philosophie der epistemischen Demokratie verdankt ihre Plausibilität bzw. ihre Resonanz nicht zuletzt dem in westlichen Gesellschaften weit fortgeschrittenen Individualisierungsprozess. Nicht nur Biographie, Bekenntnis und Berufsleben gelten in dieser Sicht als vom Einzelnen frei zu wählende und zu verantwortende Dinge, sondern auch die Welt der Fakten. In hyperindividualisierten Gesellschaften, so scheint es, werden auch wissenschaftlich-rationale Festlegungen zunehmend als Zumutung empfunden. Die moderne Freiheitsidee ist diesem Lebensgefühl zufolge erst dann verwirklicht, wenn wir nicht mehr von Wahrheitsdogma und Wissenszwang regiert werden. Die hyperindividualisierte Gesellschaft formuliert auf diese Weise eine neuartige Herausforderung für die Demokratie.

Seit Alexis de Tocqueville gibt es die Vermutung, dass die Individualisierung sich als Gegenspielerin der Demokratie entpuppen könnte, weil sie die kulturelle Grundlage jeder lebendigen Demokratie (also Gemeinsinn und bürgerschaftliches Engagement) untergräbt. Aktive Gemeinschaftlichkeit, so hat es Robert Putnam formuliert, ist der Nährboden der Demokratie, doch dieser Nährboden wird durch gesteigerten Individualismus und Privatismus ausgelaugt.[81] Der Wunsch nach einer gemeinschaftlich-partizipativen Festlegung der Welt der Dinge, dieser Wunsch nach einer radikalen Demokratisierung des Wissens, will eine Erneuerung und Belebung der Demokratie, gefährdet jedoch ihre epistemischen Grundlagen. Schließlich lebt demokratische Politik von einer lebendigen, konstruktiven Streitkultur. Doch nur ein gemeinsamer Referenzrahmen bzw. eine gemeinsame »Weltanschauung« ist in der Lage, die bloße Alternativmeinung in eine echte Herausforderung, also in einen produktiven Dissens zu verwandeln. Nur der gemeinsame Glaube an eine überindividuell gültige Wahrheit verhindert, dass widersprüchliche Positionen einfach beziehungslos nebeneinander stehen bleiben. Darin liegt der demokratiepolitische Mehrwert der Wahrheitsidee: Sie unterstützt sozialen Wandel und hält damit den gesellschaftlichen Entwicklungsprozess offen.

Dieses funktionalistische Argument für das Festhalten an der Wahrheitsidee ist natürlich kein Aufruf zum blinden Glauben an die absolute Wahrheit. Gewiss muss jeder Wahrheitsanspruch bezweifelbar bleiben, doch bedarf es eines gemeinsamen Referenzrahmens, um überhaupt sinnvoll über (divergierende) Tatsachen und Positionen sprechen zu können. Einen solchen Rahmen leichtfertig aufzugeben, führt nicht in die wirklich offene Gesellschaft, sondern eher in eine Art von epistemischem Tribalismus, wo voneinander abgeschottete Weltanschauungsgemeinschaften komplett ungleichartigen Wissens- und Wahrheitskonzepten anhängen.

Die eingangs beschriebene Epistemisierung der Demokratiekrise schließlich ergibt einen weiteren Beleg für die suggestive Macht des Wissens: Im Rahmen dieser Debatte wird die Krise der Demokratie als Folge der Ignoranz gedeutet, genauer gesagt als Folge inkompetenter Politik oder geistig überforderter Wähler und Wählerinnen. Die Dummen, heißt es, wählen dumme Politiker und stehen daher einer fortschrittlichen Politik im Weg. Die Erfolge des Rechtspopulismus gelten in dieser Argumentation als Beweis dafür, dass politische Partizipation, die nicht nach den kognitiven Fähigkeiten der Leute gestaffelt ist, zu einer Bedrohung der Demokratie wird. Folglich versucht man, die Demokratie vor den Gefahren des Populismus und der Autokratie zu schützen, indem man für eine eingeschränkte politische Teilhabe plädiert – nach Maßgabe individueller Kompetenz. Die schädliche Wirkung einer über weite Strecken überforderten, inkompetenten Politik hingegen versucht man mit dem Vorschlag zu neutralisieren, schwierige technische oder Sachfragen an Expertengremien zu delegieren.

Diese Ideen basieren letztlich auf der Überzeugung, dass es auf politische Streitfragen stets »richtige« Antworten gibt bzw. dass sich die Politik gemäß der wissenschaftlichen Wahr-/Falsch-Logik vermessen lässt. Der verständliche Wunsch nach einer rationalen, fortschrittlichen Politik verstärkt die Bereitschaft, politische Streitfragen in epistemische Probleme zu übersetzen und als Wissenskonflikte auszutragen. Der typisch wissenschaftliche Traum von einer Rationalisierung der Politik jedoch läuft darauf hinaus, der Politik das typisch Politische auszutreiben, nämlich die Aushandlung von Interessenkonflikten und das mühsame Ringen um tragfähige Kompromisse.

In Summe dokumentieren diese drei beschriebenen (wie soll man sagen?) Epistemisierungsphänomene eine Tendenz, die man mit dem nötigen Mut zum Unwort *Epistemokratie* nennen könnte. Epistemokratie ist nicht gleichbedeutend mit der Herrschaft der Experten (Expertokratie) oder mit der Herrschaft der Wissenden (Epistokratie). Epistemokratie meint etwas Abstrakteres, nämlich die Herrschaft eines Prinzips oder einer fixen Idee, nicht die Herrschaft bestimmter Akteure oder einer konkreten Gruppe. Epistemokratie bezeichnet die Herrschaft der Wissensförmigkeit, vielleicht auch einer gewissen Wissensgläubigkeit. Für die politische Mission wird auf dem Terrain der Wissenschaft gekämpft, weil die Dinge, um die es geht, zur vorrangigen Angelegenheit von Wissen und wissenschaftlicher Expertise geworden sind.

Der Begriff der Epistemokratie umschreibt den festen Glauben daran, dass viele der gegenwärtigen Krisen, Konflikte oder Streitfragen erst dann richtig begriffen oder richtig formuliert werden können, wenn es im Kern um Wissensdinge geht bzw. wenn wir sie als Wissensprobleme verhandeln. In den Mittelpunkt der Aufmerksamkeit bzw. der Auseinandersetzungen rücken deshalb epistemische Aspekte: Fakten, Evidenzen, kognitive Kompetenzen, wissenschaftliche Expertise. Das bedeutet natürlich nicht, dass heute automatisch intelligenter oder informierter gestritten wird, sondern nur, dass Wissen sowohl zur maßgeblichen Ressource als auch zum zentralen Gegenstand in vielen Auseinandersetzungen wird. Folglich geht es darum, wer besseres Wissen geltend machen kann und – grundsätzlicher noch – wer nach Maßgabe welcher Rationalitätsideale überhaupt am Diskurs teilhaben darf. So macht sich an der Kategorie des Wissens fest, was auf der politischen Bühne als produktiver Widerspruch bzw. als legitimer Dissens gilt.

Dieser Zwang zum Wissen wird von Gegenstimmen und Protesten begleitet, die nicht selten im etwas irreführenden Begriff der Post-Wahrheit gebündelt werden. Post-Wahrheit: Das klingt, als hätten wir uns jetzt gerade aus einem Zeitalter gelöst, in dem allein die Wahrheit regierte. Das ist natürlich abwegig. *Post-truth*, im Jahr 2016 vom *Oxford English Dictionary* zum (Un-)Wort des Jahres gewählt, meint ganz einfach, dass sich die Politik (und die Öffentlichkeit) in der Beurteilung der Dinge hemmungslos von eigenen Vorurteilen, Interessen und Emotionen und nicht von Tatsachen, Vernunft und Expertenurteilen leiten lässt. Die Rede von der Post-Wahrheit oder Postfaktizität vermeldet darum eine ernste Krise der politischen Kultur. Als Beweise werden üblicherweise Trump und der Brexit, die politische Polarisierung und der weltweite Aufstieg des Populismus genannt. Ob man auf diese Weise den Kern des Problems trifft, ist mehr als zweifelhaft.

Aus der öffentlichen Rede über Post-Wahrheit (oder Postfaktizität) spricht die heimliche Überzeugung, dass es bei allen politischen Querelen doch in erster Linie um die Qualität in Wissensdingen, um die Fakten, um die Berücksichtigung des Expertenkonsenses geht oder gehen sollte. Dahinter steckt eine mittlerweile weit verbreitete Vorstellung: Wer auf die Wissenschaft hört, wer der Mehrheit der Experten folgt, wird die richtige Politik machen. Politik wird auf diese Weise mit der Wahrheitsidee kurzgeschlossen.

Diese neue Variante des Szientismus ist, und dies kann man nicht nachdrücklich genug betonen, demokratiepolitisch gesehen wahrscheinlich bedenklicher als das leicht durchschaubare Spiel mit Fake News und Twitter-Lügen im politischen Alltag. Folgt man dieser Idee, würde das Kerngeschäft der Politik nicht länger darin bestehen, Mehrheiten zu organisieren und temporäre Kompromisse zu schmieden, um Interessen- und Wertekonflikte vorläufig zu befrieden – also, in einem Wort, Politik zu betreiben. Die Politik hätte in dieser neuen Konstellation vielmehr darüber zu wachen, wer in Form alternativer Expertise und Positionen vom rechten Weg der Wissenschaft abweicht und daher verantwortungslos handelt.

Wenn an der Diagnose »Epistemokratie« etwas dran sein sollte, dann reflektieren die Meister der Post-Wahrheit, die Wissens- und Konsensleugner, den falschen Wahrheitsanspruch der Politik. Etwas überspitzt formuliert: Eine Politik, die sich – dank ihrer Übereinstimmung mit der Wissenschaft – als *alternativlos* versteht, provoziert eine Politik der *alternativen Fakten*. Populär wurde das TINA-Dogma (»There is no alternative«) durch die britische Premierministerin Margaret Thatcher; später nahm es Angela Merkel im Zusammenhang mit dem Afghanistan-Einsatz, dem Schuldenabbau und den Finanzhilfen für das marode Griechenland auf, so dass »alternativlos« die Auszeichnung zum »Unwort des Jahres 2010« erhielt. Es basiert auf der fixen Idee, dass es so etwas wie eine ideologiefreie Politik gibt, weil die Politik in der betreffenden Sache durch eine höhere Instanz festgelegt ist – sei es der technische Sachzwang, die wissenschaftliche Evidenz oder der Expertenkonsens.

Wie der Klimastreit zeigt, entsteht im Kontext einer solchen »Wahrheitspolitik« ein Resonanzraum für Protest, der seine politischen Absichten auf der epistemischen Ebene lanciert. Die Bewegung der Wissens- und Konsensleugner – so heterogen sie in ihrer Weltanschauung und ihren politischen Motiven auch sein mag – findet Einigkeit darin, dass sie die Politik in vielen wissenschaftslastigen Kontroversen als Arena der Alternativlosigkeit empfindet und Handlungsspielräume über den Umweg der Bezweiflung bewährten Wissens eröffnen will. Die wütende Wissenschafts- und Expertenkritik ist im Kern ein antiautoritärer Aufstand gegen jeden von außen herangetragenen Anspruch auf besseres Wissen. In ihrem Versuch, die Menschheits- oder Klimageschichte neu zu schreiben – und zwar entbunden von den Zwängen autoritativer Expertise –, lebt der romantische Impuls einer Wiederverzauberung der Welt in bizarrer Form weiter.

Es ist deshalb auch kein Zufall, dass Gesellschaftskritik heute in vielen Fällen die Form unversöhnlicher Wissenschaftsfeindschaft annimmt. Dahinter verbirgt sich nicht einfach nur populistisches Ressentiment gegen das Establishment, etwa aus dem Grunde, weil man die Experten (fälschlicherweise) mit den Eliten identifiziert. In zunehmend breiteren Sektoren der Gesellschaft scheint vielmehr die Vorstellung zu greifen, dass die Wissenschaft sich zu einer demokratisch nicht legitimierten Kerninstitution der modernen Gesellschaft entwickelt habe, die autoritativ darüber entscheidet, was handlungspraktisch rational und technisch machbar, was wirtschaftlich richtig und politisch geboten ist. Und tatsächlich: Profunde Wissenschaftskenntnisse stellen heute in vielen Fällen eine unabdingbare Voraussetzung dafür dar, um an politischen Auseinandersetzungen ernsthaft teilhaben zu können. Viele globale Herausforderungen, vom Klimawandel über Digitalisierung bis hin zu Ernährung und Gesundheit, formulieren heute dringliche Anfragen an die Wissenschaft, so dass sich der politische Streit in vielen Fällen auf die Glaubwürdigkeit und Zuverlässigkeit wissenschaftlicher Daten, Diagnosen und Prognosen konzentriert oder, wie man auch sagen könnte: beschränkt. Die Wissenslastigkeit vieler Krisen und Konflikte spiegelt sich nicht zuletzt in den Begriffen, die wir für die Fundamentalopposition bereithalten: Wir nennen sie »Coronaleugner«, »Klimawandelleugner«, »Evolutionsleugner«.

Im Ringen um eine verantwortliche Klimapolitik oder angemessene Schutzmaßnahmen gegen das Coronavirus mögen die Wissens- und Konsensleugner vor allem lästig sein. Doch für ihre Gesellschaft sind diese wilden Proteste durchaus nützlich. Immerhin erinnern sie daran, dass selbst dann, wenn Werte-, Interessens- oder Glaubensfragen sich erfolgreich in Wissensfragen übersetzen lassen, die eigentlichen Probleme auch bei richtiger Beantwortung dieser Wissensfragen noch ungelöst sein werden. Mit Blick auf die Sphäre demokratischer Politik wird man sagen müssen: zum Glück.

Anmerkungen

Die Übersetzung aller englischsprachigen Zitate und Transkripte im Text erfolgte durch den Autor. Alle Internetadressen wurden zuletzt am 13. November 2020 aufgerufen.

1 Vgl. etwa Robert E. Lane, »The Decline of Politics and Ideology in a Knowledgeable Society«, in: *American Sociological Review* 31 (1966) S. 649–662; Peter F. Drucker, *The Age of Discontinuity. Guidelines to Our Changing Society*, New York 1969; Daniel Bell, *Die nachindustrielle Gesellschaft*, übers. von Siglinde Summerer und Gerda Kurz, Reinbek b. Hamburg 1979 (Orig. 1973).

2 Georg Simmel, *Die Großstädte und das Geistesleben*, Frankfurt a. M. 2006, S. 15 (Orig. 1903).

3 Vgl. zum Zusammenhang zwischen Krimi als Rätsellösungsspiel und Psychotherapie als Versuch, eine zusammenhängende Geschichte zu erzählen, Hannes Fricke, »Erlösung durch Rekonstruktion und Rätsellösen. Warum werden Psycholog_innen in Kriminalfilmen als allmächtig-zwielichtige Retter dargestellt? Und was bedeutet das?«, in: *Journal für Psychologie* 24 (2016), S. 149–179.

4 Max Weber, *Wissenschaft als Beruf*, Stuttgart 1995, S. 19 (Orig. 1919).

5 Eva Illouz, *Gefühle in Zeiten des Kapitalismus*, übers. von Martin Hartmann, Frankfurt a. M. 2006, S. 113 ff.

6 Friedrich Nietzsche, *Die Geburt der Tragödie*, Stuttgart 1993, S. 93 (Orig. 1872).

7 Erstmals mit diesem Bezug Jan Skudlarek, *Wahrheit und Verschwörung. Wie wir erkennen, was echt und wirklich ist*, Stuttgart 2019, S. 175.

8 Vgl. Tom Nichols, *The Death of Expertise. The Campaign Against Established Knowledge and Why it Matters*, New York 2017.

9 Anja Karliczek, »Die Stunde der Erklärer«, in: *Frankfurter Allgemeine Zeitung*, 1. April 2020, S. N1.

10 Deutscher Ethikrat, »Solidarität und Verantwortung in der Corona-Krise. Ad-hoc-Empfehlung«, Berlin 2020.

11 Zit. nach: Inmaculada Melo-Martín / Kristen Intemann, *The Fight Against Doubt. How to Bridge the Gap between Scientists and the Public*, New York 2018, S. 130.

12 John Cook [u. a.], »Quantifying the Consensus on Anthropogenic Global Warming in the Scientific Literature«, in: *Environmental Research Letters* 8 (2013) Nr. 2.

13 Richard S. J. Tol, »Comment on ›Quantifying the Consensus on Anthropogenic Global Warming in the Scientific Literature‹«, in: *Environmental Research Letters* 11 (2016) Nr. 4.

14 Vgl. Reiner Grundmann, *Transnational Environmental Policy. Reconstructing Ozone*, London 2001.

15 Dies unterstreicht auch Johannes Müller-Salo in *Klima, Sprache und Moral. Eine philosophische Kritik*, Stuttgart 2020. Die zwingend notwendige Diskussion über Normen und Werte, mit Hilfe derer die Politik das Tatsachenwissen in konkrete Handlungsziele übersetzen kann, bezeichnet Müller-Salo als »die große Leerstelle des gesellschaftlichen Klimadiskurses« (S. 13).

16 Sander van der Linden, »Why Doctors Should Convey the Medical Consensus on Vaccine Safety«, in: BMJ *Evidence-Based Medicine* 21 (2016) S. 119.

17 Vgl. Maya J. Goldenberg, »Public Misunderstanding of Science? Reframing the Problem of Vaccine Hesitancy«, in: *Perspectives on Science* 24 (2016) S. 552–581.

18 Martina Lenzen-Schulte, »Wer impft, hat recht – meistens«, in: *Frankfurter Allgemeine Zeitung*, 10. April 2019, S. N2.

19 Ebd.

20 Diese Passage findet sich in einem CNN-Transkript aus dem Jahr 2016 unter: http://transcripts.cnn.com/TRANSCRIPTS/1607/22/nday.06.html.

21 Lee McIntyre, *Post-Truth*, Cambridge (MA) 2018.

22 Vgl. Larry Diamond, »Facing Up to the Democratic Recession«, in: *Journal of Democracy* 26 (2015) S. 141–155.

23 Steven Levitsky / Daniel Ziblatt, *Wie Demokratien sterben. Und was wir dagegen tun können*, übers. von Klaus-Dieter Schmidt,

München 2018; Yascha Mounk, *Der Zerfall der Demokratie. Wie der Populismus den Rechtsstaat bedroht*, übers. von Bernhard Jendricke, München 2018.

24 Vgl. Colin Crouch, *Postdemokratie*, übers. von Nikolaus Gramm, Frankfurt a. M. 2008; s. auch: Stephan Lessenich, *Grenzen der Demokratie. Teilhabe als Verteilungsproblem*, Stuttgart 2019.

25 Ingolfur Blühdorn, *Simulative Demokratie. Neue Politik nach der postdemokratischen Wende*, Berlin 2013.

26 Vgl. Jacques Rancière, *Dissensus. On Politics and Aesthetics*, London 2010; Slavoj Žižek, *Die Tücke des Subjekts*, übers. von Eva Gilmer, Frankfurt a. M. 2010, S. 272 ff.

27 Joseph A. Schumpeter, *Kapitalismus, Sozialismus und Demokratie*, ^{8}2005, S. 427 f. (Orig. 1942).

28 Jason Brennan, *Gegen Demokratie. Warum wir die Politik nicht den Unvernünftigen überlassen dürfen*, übers. von Stephan Gebauer, Berlin 2017, S. 35.

29 Ebd., S. 372.

30 Vgl. Helmut Willke, *Dezentrierte Demokratie. Prolegomena zur Revision politischer Steuerung*, Berlin 2016.

31 Ebd., S. 21.

32 Mark E. Warren, »Deliberative Democracy and Authority«, in: *American Political Science Review* 90 (1996) S. 46–60, hier S. 49.

33 Hans Kelsen, *Vom Wesen und Wert der Demokratie*, Stuttgart 2018, S. 132 (Orig. 1929).

34 Im Kulturkampf der liberalen Intellektuellen in den USA gegen einen faschismusfreundlichen Katholizismus sowie gegen den totalitären Kommunismus galt der Verhaltenskodex der Wissenschaft ebenfalls als Garant der Demokratie. So heißt es bei John Dewey (in: *Freedom and Culture*, New York 1939, S. 148): »Obwohl es natürlich weder wünschenswert noch machbar ist, dass jeder ein Wissenschaftler wird [...], ist doch die Zukunft der Demokratie eng mit der Verbreitung einer wissenschaftlichen Gesinnung verbunden.«

35 Richard Rorty, *Kontingenz, Ironie und Solidarität*, übers. von Christa Krüger, Frankfurt a. M. 1989, S. 96.

36 Georg Simmel, »Der Streit«, in: G. S., *Gesamtausgabe*, Bd. 11: *So-*

ziologie. Untersuchungen über die Formen der Vergesellschaftung, hrsg. von Otthein Rammstedt, Frankfurt a. M. 1992, S. 284–382 (Orig. 1908).

37 Vgl. dazu Paul Boghossian, *Angst vor der Wahrheit. Ein Plädoyer gegen Relativismus und Konstruktivismus*, übers. von Jens Rometsch, Berlin 2013.

38 Myriam Revault d'Allonnes, *Brüchige Wahrheit. Zur Auflösung von Gewissheiten in demokratischen Gesellschaften*, übers. von Michael Halfbrodt, Hamburg 2019.

39 Karl R. Popper, *Die offene Gesellschaft und ihre Feinde*, hrsg. von Hubert Kiesewetter, Bd. 1: *Der Zauber Platons*, Tübingen 2003, S. 238 (Orig. 1945).

40 Paul Feyerabend, *Wider den Methodenzwang*, Frankfurt a. M. 1986 (Orig. 1975).

41 Ebd., S. 188 f.

42 Ebd., S. 392 f.

43 Paul Feyerabend, *Erkenntnis für freie Menschen*, Frankfurt a. M. 1980, S. 37 (Orig. 1976).

44 Bruno Latour, *Das Parlament der Dinge. Für eine politische Ökologie*, übers. von Gustav Roßler, Frankfurt a. M. 2001, S. 100 f.

45 Ebd., S. 191.

46 Ebd., S. 165

47 Ebd., S. 218.

48 Ludwig Wittgenstein, *Werkausgabe*, Bd. 1: *Tractatus logico-philosophicus; Tagebücher 1914–1916; Philosophische Untersuchungen*, Frankfurt a. M. 1984, S. 520.

49 Bruno Latour, *Die Hoffnung der Pandora. Untersuchungen zur Wirklichkeit der Wissenschaft*, übers. von Gustav Roßler, Frankfurt a. M. 2000, S. 175 ff.

50 Vgl. dazu Kathrin Braun, »Not Just for Experts. The Public Debate about Reprogenetics in Germany«, in: *Hastings Center Report* 35 (2005) S. 42–49; Ulrike Riedel, »›Alle Macht den Räten?‹ Politikberatung durch bioethische Gremien«, in: *Zeitschrift für Biopolitik* 3 (2004) S. 3–8; Suzanne S. Schüttemeyer, »Deparliamentarisation. How Severely Is the German Bundestag Affected?«, in: *German Politics* 18 (2009) S. 1–11.

51 Vgl. Alvin W. Gouldner, *Die Intelligenz als neue Klasse. 16 Thesen zur Zukunft der Intellektuellen und der technischen Intelligenz*, übers. von Constans Seyfarth, Frankfurt a. M. / New York 1980 (Orig. 1979).

52 Im Folgenden beziehe ich mich auf Steven Epstein, *Impure Science. Aids, Activism, and the Politics of Knowledge*, Berkeley 1996; Michel Callon / Vololona Rabeharisoa, »Research ›in the Wild‹ and the Shaping of New Social Identities«, in: *Technology in Society* 25 (2003) S. 193–204; Alan Irwin, *Citizen Science. A Study of People, Expertise and Sustainable Development*, London 1995.

53 Vgl. Bruno Latour / Steve Woolgar, *Laboratory Life. The Construction of Scientific Facts*, Beverly Hills 1979; Karin Knorr-Cetina, *Die Fabrikation von Erkenntnis. Zur Anthropologie der Naturwissenschaft*, Frankfurt a. M. 1984.

54 Vgl. dazu, als ein Dokument gehobener Ratlosigkeit angesichts der Attacken der Klimawandelleugner: Bruno Latour, *Elend der Kritik. Vom Krieg um Fakten zu Dingen von Belang*, übers. von Heinz Jatho, Zürich 2007.

55 Georg Vobruba, *Die Kritik der Leute. Einfachdenken gegen besseres Wissen*, Weinheim 2019.

56 Steve Fuller, *Post-Truth. Knowledge as a Power Game*, London 2018.

57 Thomas S. Kuhn, *Die Struktur wissenschaftlicher Revolutionen*, Frankfurt a. M. ^{2}1976 (Orig. 1962).

58 Vgl. Steve Fuller, *Post-Truth* (s. Anm. 56) S. 107 ff.

59 Ebd., S. 180.

60 Ingrid Gilcher-Holtey, *Eingreifendes Denken. Die Wirkungschancen von Intellektuellen*, Weilerswist 2007, S. 10.

61 Zum Folgenden vgl. Dietz Bering, *Die Epoche der Intellektuellen: 1898–2001. Geburt – Begriff – Grabmal*, Berlin 2010, S. 24 ff.

62 Caspar Hirschi, *Skandalexperten, Expertenskandale. Zur Geschichte eines Gegenwartsproblems*, Berlin 2018, S. 197 ff.

63 Julien Benda, *Der Verrat der Intellektuellen*, übers. von Arthur Merin, Frankfurt a. M. 1988 (Orig. 1927).

64 Lewis A. Coser, *Men of Ideas. A Sociologist's View*, New York 1965.

65 In diese Richtung argumentiert Frank Furedi, *Where Have All the Intellectuals Gone?*, London 2006.

66 M. Rainer Lepsius, »Kritik als Beruf. Zur Soziologie der Intellektuellen«, in: M. R. L., *Interessen, Ideen und Institutionen*, Opladen 1990, S. 270–285 (Orig. 1964).

67 Jean-François Lyotard, *Das postmoderne Wissen. Ein Bericht*, übers. von Otto Pfersmann, Wien 1994, S. 16 (Orig. 1979).

68 Wissenschaft im Dialog, *Wissenschaftsbarometer 2017*, Berlin 2017, S. 28, unter: https://www.wissenschaft-im-dialog.de/fileadmin/user_upload/Projekte/Wissenschaftsbarometer/Dokumente_17/WB_2017_Web.pdf

69 Der Begriff *denial machine* findet sich bei Riley E. Dunlap, »Climate Change Scepticism and Denial. An Introduction«, in: *American Behavioural Scientist* 57 (2013) S. 691–698, hier S. 692.

70 Naomi Oreskes / Erik M. Conway, *Merchants of Doubt. How a Handful of Scientists Obscured the Truth on Issues from Tobacco Smoke to Global Warming*, New York 2010.

71 Bertolt Brecht, *Leben des Galilei*, Frankfurt a. M. 1963, S. 11 (Orig. 1939).

72 Hans Blumenberg, *Das Lachen der Thrakerin. Eine Urgeschichte der Theorie*, Frankfurt a. M. 1987, S. 10.

73 Vgl. dazu Milena Wazeck, *Einsteins Gegner. Die öffentliche Kontroverse um die Relativitätstheorie in den 1920er Jahren*, Frankfurt a. M. / New York 2009.

74 Zur Logik des traditionellen Weltbildes siehe Günter Dux, *Historisch-genetische Theorie der Kultur. Instabile Welten – Zur Prozessualen Logik im kulturellen Wandel*, Wiesbaden [4]2017, S. 86 ff. (Orig. 2000).

75 Hannah Arendt, »Truth and Politics«, in: Peter Baehr (Hrsg.), *The Portable Hannah Arendt*, New York 2000, S. 545–575, hier: S. 555 (Orig. 1967).

76 Roger A. Pielke Sr. [u. a.], »Unresolved Issues with the Assessment of Multidecadal Global Land Surface Temperature Trends«, in: *Journal of Geophysical Research* 112 (2007) H. D24, unter: https://doi.org/10.1029/2006JD008229.

77 Die empirischen Befunde sind in den folgenden beiden Publika-

tionen dokumentiert: Souleymane Fall [u. a.], »Analysis of the Impacts of Station Exposure on the U. S. Historical Climatology Network Temperatures and Temperature Trends«, in: *Journal of Geophysical Research* 116 (2011), H. D14, unter: https://doi.org/10.1029/2010JD015146; Matthew J. Menne / Claude N. Williams Jr. / Michael A. Palecki, »On the Reliability of the U. S. Surface Temperature Record«, in: *Journal of Geophysical Research* 115 (2010), H. D11, unter: https://doi.org/10.1029/2009JD013094.

78 Vgl. Gil Eyal, *The Crisis of Expertise*, Cambridge 2019, S. 138 f.

79 Vgl. dazu Ragnar E. Löfstedt / Ortwin Renn, »The Brent Spar Controversy. An Example of Risk Communication Gone Wrong«, in: *Risk Analysis* 17 (1997) S. 131–136.

80 Winand von Petersdorff, »Viel Wind und dicke Schlitten«, in: *Frankfurter Allgemeine Zeitung*, 7. Dezember 2019, S. 22.

81 Vgl. Robert Putnam, *Bowling Alone. The Collapse and Revival of American Community*, New York 2000.

Zum Autor

ALEXANDER BOGNER, geb. 1969, ist Privatdozent für Soziologie in Wien und Senior Scientist am Institut für Technikfolgen-Abschätzung der Österreichischen Akademie der Wissenschaften. Von 2017 bis 2019 war er Professor für Soziologie an der Universität Innsbruck. Er ist Vorsitzender der Österreichischen Gesellschaft für Soziologie.

Wichtige Buchveröffentlichungen: Gesellschaftsdiagnosen. Ein Überblick ([3]2018); Interviews mit Experten. Eine praxisorientierte Einführung (zus. mit Beate Littig und Wolfgang Menz; 2014); Die Ethisierung von Technikkonflikten. Studien zum Geltungswandel des Dissenses (2011).